Auf die Schnelle

(Video-)Telefonieren mit
Skype

Timo Stoppacher

DATA BECKER

Copyright	© DATA BECKER GmbH & Co. KG Merowingerstr. 30 40223 Düsseldorf
Reihenkonzeption	Peter Meisner
Produktmanagement	Peter Meisner
Umschlaggestaltung	Inhouse-Agentur DATA BECKER
Layout	Jana Scheve
Textbearbeitung und Gestaltung	Thorsten Schlosser, Kreuztal (www.buchsetzer.de)
Produktionsleitung	Claudia Lötschert
Druck	fgb • freiburger graphische betriebe (www.fgb.de)

ISBN 978-3-8158-1783-4

Wichtiger Hinweis

Die in diesem Buch wiedergegebenen Verfahren und Programme werden ohne Rücksicht auf die Patentlage mitgeteilt. Sie sind für Amateur- und Lehrzwecke bestimmt.

Alle technischen Angaben und Programme in diesem Buch wurden vom Autor mit größter Sorgfalt erarbeitet bzw. zusammengestellt und unter Einschaltung wirksamer Kontrollmaßnahmen reproduziert. Trotzdem sind Fehler nicht ganz auszuschließen. DATA BECKER sieht sich deshalb gezwungen, darauf hinzuweisen, dass weder eine Garantie noch die juristische Verantwortung oder irgendeine Haftung für Folgen, die auf fehlerhafte Angaben zurückgehen, übernommen werden kann. Für die Mitteilung eventueller Fehler ist der Autor jederzeit dankbar.

Wir weisen darauf hin, dass die im Buch verwendeten Soft- und Hardwarebezeichnungen und Markennamen der jeweiligen Firmen im Allgemeinen warenzeichen-, marken- oder patentrechtlichem Schutz unterliegen.

Inhalt

1. Eintauchen in die Welt von Skype

Skype verbindet die ganze Welt - und die Welt mit Ihnen. Selten war es so einfach und so günstig, mit Menschen, egal an welchem Ort, in Verbindung zu treten.

In **Kapitel 2** finden Sie den Auf-die-Schnelle-Crashkurs. Hier erfahren Sie, wie Sie Skype auf Ihrem Computer, Smartphone oder Tablet installieren, blitzschnell ein Skype-Konto einrichten und die richtige Hardware finden.

Die Computer-Software von Skype wird in **Kapitel 3** erklärt:

- Die Kontaktverwaltung: So verwalten Sie Ihre Kontakte und finden Ihre Freunde aus Social Networks wie Facebook in Skype wieder.
- Was sind Konferenzgespräche?
- Wie funktionieren Videoanrufe?
- und vieles mehr ...

Das **Kapitel 4** widmet sich den kostenpflichtigen Skype-Diensten. Hier erfahren Sie, wie Sie bei Skype Guthaben kaufen und was Sie damit machen können.

Nutzen Sie zum Beispiel die sehr günstigen Minutenpreise, um irgendwo auf der Welt anzurufen. Oder Sie kaufen eine Onlinenummer und sind selbst über Skype immer erreichbar, egal, wo Sie gerade sind.

Richtig sparen können Sie mit **Kapitel 5**: Nutzen Sie Skype unterwegs mit Ihrem Apple-, Android- oder Symbian-Handy bzw. Tablet.

Trotzen Sie teuren Roaming-Gebühren in den Handynetzen, indem Sie Ihre Anrufe über Skype führen. Je nach Gerät geht das auch mit Videoanrufen.

Skype hat viele Standardfunktionen, die bei der Software mit dabei sind. Es gibt aber noch Erweiterungen von Drittanbietern, die Skype-Extras. In **Kapitel 6** erfahren Sie, wie Sie zum Beispiel Faxe über Skype versenden oder Skype-Telefonate aufzeichnen können.

Skypen am PC oder mit dem Handy ist schön. Es gibt Skype aber auch, wo Sie es vielleicht nicht vermuten. Lesen Sie mehr dazu in **Kapitel 7**.

2. Der Auf-die-Schnelle-Crashkurs: die Basics von Skype schnell kennenlernen

Egal, mit welchem Gerät Sie Skype nutzen werden und was Sie dann damit genau machen wollen, eines brauchen Sie immer: das kostenlose Skype-Konto. Ihr persönliches Skype-Konto können Sie auf allen Endgeräten nutzen, sich damit auf der Skype-Webseite anmelden und vieles mehr.

In drei Minuten zum Skype-Konto

Am schnellsten und bequemsten kommen Sie zu Ihrem Konto über die Skype-Webseite *www.skype.de*.

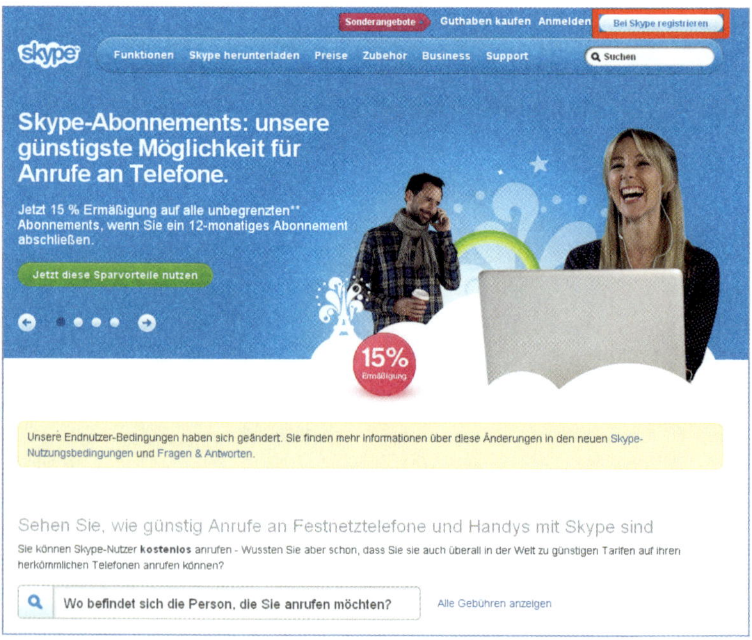

Der Button oben rechts führt Sie zum Registrierungsformular.

1 Klicken Sie oben rechts auf den Button *Bei Skype registrieren*, und schon sind Sie auf dem Formular *Konto erstellen*.

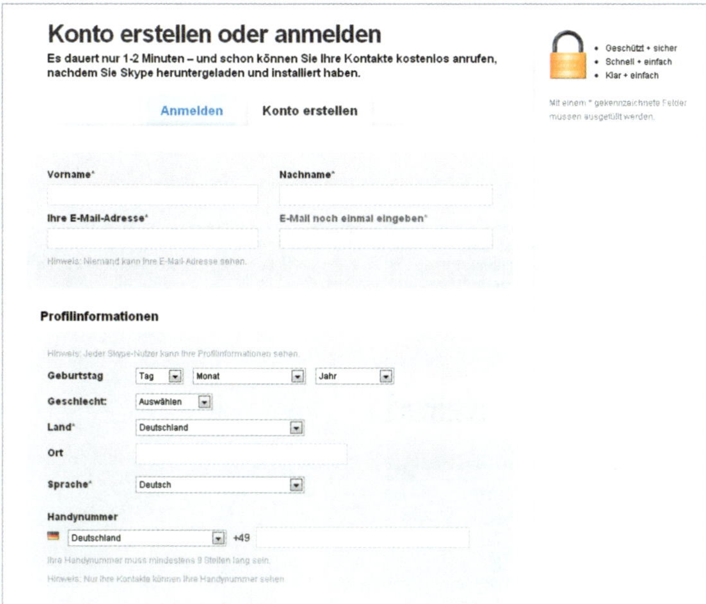

2 Zunächst reichen Skype Ihr Name und Ihre E-Mail-Adresse. Den Abschnitt *Profilinformationen* können Sie zunächst überspringen – dann sind Sie aber für andere Nutzer zunächst nicht zu finden. Sie können ihn auch ausfüllen. In Ihren Kontakten werden dann die Profilinformationen angezeigt, und man kann Sie über diese Daten im Skype-Verzeichnis finden.

3 Suchen Sie sich nun einen Skype-Namen aus. Meistens schlägt Skype Ihnen eine Kombination aus Vor- und Nachnamen vor. Wenn Sie Michael Müller heißen oder einen ähnlich verbreiteten Namen haben, hängt Skype an die Vorschläge noch Zahlen an. Es könnte Ihnen also passieren, dass Sie der 3.000ste Michael Müller bei Skype sind.

Der Skype-Name soll zwischen sechs und 32 Zeichen lang sein. Erlaubt sind nur Buchstaben und Ziffern, des Weiteren Punkte und Bindestriche, aber keine Leerzeichen oder Sonderzeichen wie Umlaute. Michael Müller müsste sich also bei Skype zum Beispiel *michael.mueller* nennen.

4 Nun noch ein Passwort festlegen: Das Passwort für Ihr Skype-Konto soll zwischen sechs und 20 Zeichen lang sein und muss eine Ziffer enthalten.

Wie jedes andere Passwort sollten Sie auch dieses Passwort nicht aufschreiben oder jemand anderem mitteilen.

Was ist ein sicheres Passwort?

Kein sicheres Passwort sind Wörter, die auch schon in Ihrem Benutzernamen vorkommen, oder die Namen von Partnern, Kindern, Haustieren, Wohnorten usw.

Nutzen Sie besser eine Kombination aus Buchstaben und Zahlen, die Sie sich anhand einer Eselsbrücke gut merken können. Nehmen Sie zum Beispiel den Satz: *Ich finde Skype ganz toll*. Wenn Sie die Anfangsbuchstaben der Wörter kombinieren, könnte daraus das Passwort *IfSgt* werden. Das ist aber zu kurz (nur fünf Zeichen) und es fehlt eine Ziffer. Hängen Sie eine beliebige Ziffer an, und schon haben Sie mit *IfSgt8* ein sicheres Passwort. Bitte nehmen Sie jedoch jetzt nicht dieses Passwort, sondern überlegen Sie sich ein eigenes.

5 Zum Schluss müssen Sie noch den Sicherheitscode eingeben. Das sind die als Grafik dargestellten Zeichen. Klicken Sie anschließend auf *Ich erkläre mich einverstanden – Weiter*.

Das war's. Sie haben nun ein Skype-Konto. Und wenn Sie nicht beim Passwort allzu lange gegrübelt haben, hat es wahrscheinlich noch nicht mal drei Minuten gedauert. Da Sie sich über die Webseite registriert haben, geht Skype davon aus, dass Sie die Software noch nicht installiert haben und leitet Sie gleich zum Download weiter. Da das sowieso der nächste Schritt gewesen wäre, können Sie den Download gleich starten.

Das brauchen Sie alles für Skype

Was Sie für Skype brauchen, ist davon abhängig, was genau Sie mit Skype machen wollen. Eines brauchen Sie in jedem Fall: die passende Software, sei es für den PC, für den Mac oder als App für Ihr Smartphone.

An Hardware reicht nur zum Chatten schon der Computer mit Tastatur. Wenn Sie *Skypen*, also mit anderen sprechen möchten, benötigen Sie einen Lautsprecher/Kopfhörer und ein Mikrofon, eventuell als Headset kombiniert. Und wenn Sie Ihre Gesprächspartner sehen wollen bzw. von Ihnen gesehen werden wollen, kommt noch die Webcam dazu.

Dann ist natürlich noch eine Internetverbindung nötig. Je schneller, desto besser. Schon mit niedrigen DSL-Geschwindigkeiten sind Gespräche in guter Qualität kein Problem, spätestens bei Videoanrufen stoßen Sie aber hier schnell an die Grenzen.

Die passende Skype-Software für jedes Betriebssystem installieren

1 Die Skype-Software ist für Windows, Mac und Linux verfügbar. Auf der Skype-Webseite finden Sie oben in der Mitte den Eintrag *Skype herunterladen*, wählen Sie dann Ihr Betriebssystem. Sie gelangen auf die Seite für den Download. Bei Linux können Sie außerdem noch die Version für Ihre Linux-Distribution (zum Beispiel Ubuntu) auswählen.

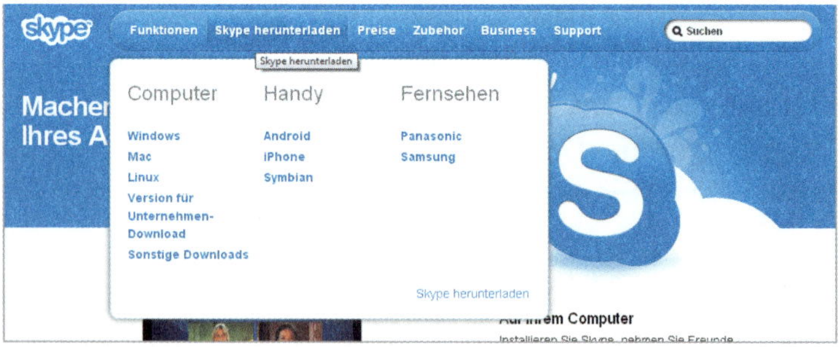

Skype für Smartphones

Im Menü *Skype herunterladen* finden Sie auch Einträge zu den Smartphones iPhone, Android und Symbian. Sie finden die Informationen zum Download der Apps auf Ihr Smartphone in Kapitel 5.

Was Sie beachten sollten, wenn Sie andere Download-Quellen wählen

Sie können die Skype-Software auch von anderen vertrauenswürdigen Webseiten oder Download-Portalen herunterladen. Wenn Sie die Software von Skype selbst beziehen, können Sie jedoch sicher sein, dass Sie immer die aktuelle Version bekommen. Und hüten Sie sich vor Webseiten, auf denen Sie für den Download der Software bezahlen sollen. Die Software ist bei Skype immer kostenlos!

Skype möchte natürlich auch seine Dienstleistungen verkaufen und bietet Ihnen auf den Download-Seiten unübersehbar das kostenpflichtige *Skype Premium* an (mehr dazu auf Seite 41). Für die kostenlose Variante halten Sie sich links und klicken auf den Button *Skype herunterladen*. Anschließend wird die Software auf Ihren Computer übertragen, und Sie können sie nach dem Download installieren. Es wird zunächst nur der Installer heruntergeladen, weshalb der Download relativ zügig funktionieren wird (der Installer ist nur knapp 1 MByte groß).

2 Nach dem Download klicken Sie (unter Windows) doppelt auf *SkypeSetup.exe*.

3 Wählen Sie Ihre Sprache (vermutlich Deutsch) und klicken Sie auf *Stimme zu - Installieren*. Der Installer lädt nun den Rest des Programmpakets herunter und installiert in einem die Skype-Software auf Ihrem Computer.

4 Sobald die Installation abgeschlossen ist, startet Skype von selbst und fragt nach Ihrem Skype-Konto. Wenn Sie bereits Zugangsdaten haben, können Sie diese hier eingeben und sich einloggen.

Sie haben noch keinen Skype-Namen? ist die Funktion, die Sie ein neues Skype-Konto erstellen lässt.

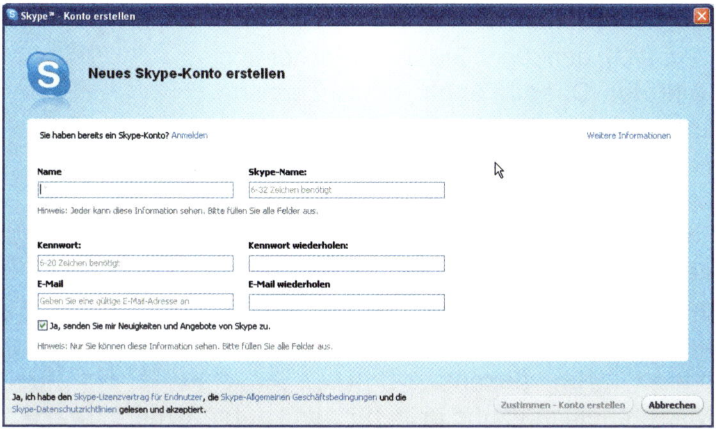

5 Nach dem Einloggen zeigt Ihnen Skype den Willkommensbildschirm mit ein paar Hinweisen an. Hier können Sie eine erste Tour durch das Programm unternehmen und zum Beispiel Ihre Audio- und Videoeinstellungen testen.

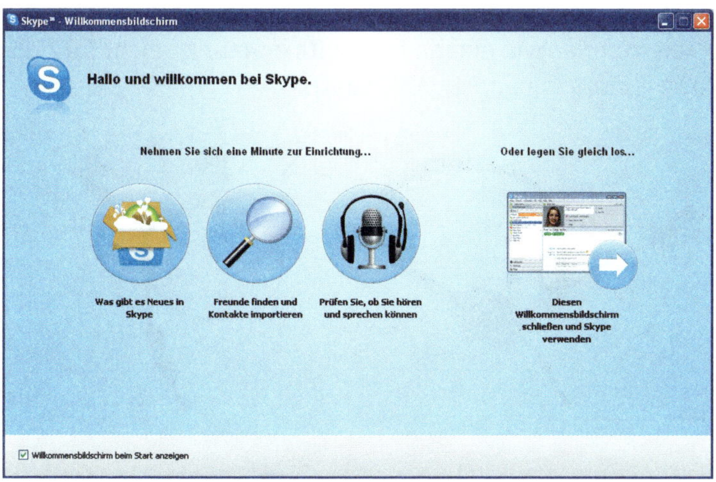

So finden Sie das passende Headset

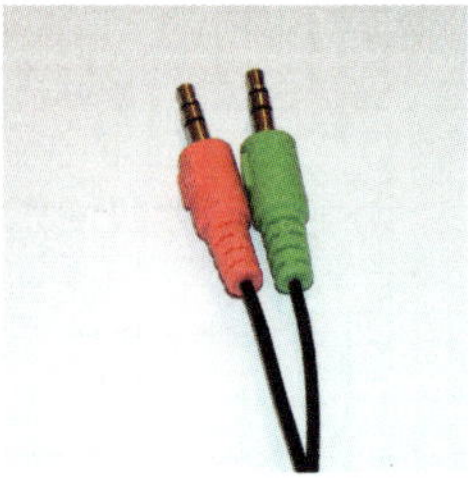

Die farbige Kennzeichnung schützt vor Verwechslungen.

Sobald Sie über Skype mit jemandem sprechen wollen (der eigentliche Sinn des *Skypens*), benötigen Sie Lautsprecher und Mikrofon. Das gibt es als Headset günstig kombiniert. Schon für 10 bis 15 Euro können Sie in Elektronikmärkten ein brauchbares Headset finden, das für den Einstieg vollkommen genügt. Im Idealfall verfügt das Headset über zwei farbig gekennzeichnete Stecker: einen roten und einen grünen. Denn viele heute verkaufte Computer haben die entsprechend farbig gekennzeichneten Anschlüsse: rot für den Mikrofoneingang und grün für den Lautsprecherausgang.

Ansonsten ist das Headset im Prinzip eine Frage des Geschmacks: Es gibt Headsets, die nur aus einem Knopf fürs Ohr bestehen, einfache Kopfhörer mit einem Bügelmikrofon oder aber richtig dicke Kopfhörer, mit denen Sie nicht mehr mitbekommen, was um Sie herum noch geschieht. Entsprechend breit ist auch die Preisspanne. Wie eingangs bereits erwähnt, reicht für den Anfang jedoch die günstige Variante.

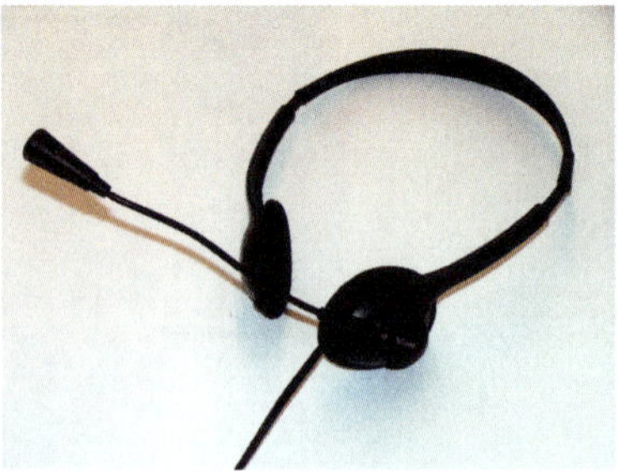

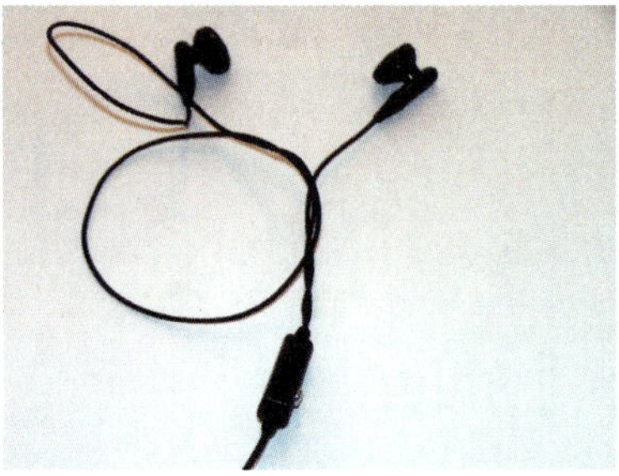

So finden Sie die passende Webcam

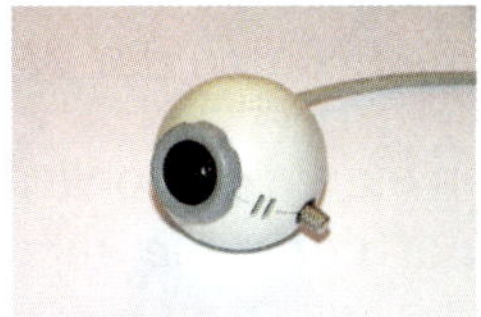

Wenn Sie wollen, dass Ihr Skype-Gesprächspartner Sie sehen kann, brauchen Sie eine Webcam. Hier beginnen die Preise in der Regel bei 20 Euro, Spitzenmodelle können dreistellige Beträge kosten. Viele Laptops, iMacs, Macbooks und Netbooks haben bereits eine Webcam und/oder ein Mikrofon integriert, dann können Sie sich den Kauf einer gesonderten Webcam natürlich sparen.

Die meisten Webcams werden über USB an den Computer angeschlossen. Wenn Sie keinen Windows-PC benutzen, sollten Sie vor dem Kauf darauf achten, dass ein Treiber für Mac oder Linux vorhanden ist. Wird dieser nicht mitgeliefert, schauen Sie auf der Webseite des Herstellers nach. Ein besonders umfangreiches Sortiment an Webcams, die unter Linux funktionieren, hat zum Beispiel Logitech (siehe auch Kasten Produkttipp). Ein weiteres Kriterium für die Auswahl der Webcam ist die Auflösung: von „Briefmarkengröße" bis HD ist alles drin.

Produkttipp: Webcam und Mikrofon in einem

Ein Produkt mit einem sehr guten Preis-Leistungs-Verhältnis ist die Logitech HD Webcam C270. Sie kostet ca. 25 Euro und hat ein Mikrofon integriert. Der Vorteil: Sie benötigen kein zusätzliches Mikrofon oder Headset. Die Webcam hat eine Auflösung von drei Megapixeln und liefert gestochen scharfe Bilder.

Die Webcam und sich selbst in Position bringen

Beim herkömmlichen Telefonieren kann es Ihrem Gesprächspartner quasi egal sein, wo und wie Sie gerade mit ihm sprechen. Videotelefonie verändert die Ausgangslage. Als Frau unfrisiert und ungeschminkt, als Mann unrasiert – je nachdem, mit wem Sie mit Video skypen, sollten Sie sich überlegen, wie Sie sich vor dem Gegenüber präsentieren. Dazu gehört auch die Position der Webcam.

In einem persönlichen Gespräch würden Sie Ihrem Gesprächspartner in die Augen sehen. Würden Sie das nicht tun, könnte das als Desinteresse am Gespräch gewertet werden. Und da haben wir nun ein Problem: Um Ihrem Gesprächspartner in die Augen zu sehen, schauen Sie in der Regel auf sein Bild auf dem Bildschirm, aber folglich nicht in die Webcam (Ihrem Gesprächspartner geht es genauso). Sie können sich also nie direkt in die Augen blicken, denn dazu müsste sich das Objektiv mitten im Bildschirm befinden. Daher gilt: je näher sich die Webcam und das Bild Ihres Gegenübers sind, desto besser.

Auf dem iPhone klappt das schon ziemlich gut. Ebenso ist bei den meisten Laptops mit integrierten Webcams das Objektiv über dem Bildschirm in der Mitte angeordnet. So sollten Sie auch die Webcam bei einem PC positionieren, oben in der Mitte.

Positionieren Sie die Webcam möglichst in der Mitte des Bildschirms.

Und wenn Sie Ihrem Gesprächspartner ganz nahe kommen möchten, schieben Sie das Skype-Fenster mit der Videoübertragung an den oberen Rand des Bildschirms. So wird der Abstand zwischen Webcam und Bild noch mal verkleinert.

Ab ins Rampenlicht

Sie sitzen abends beim Skypen in einem dunklen Raum, der nur von Ihrem Bildschirm erhellt wird? Dann sieht Sie Ihr Gesprächspartner nur im Zwielicht. Eine Deckenlampe wirft eventuell Schatten auf Ihr Gesicht. Daher die Empfehlung: eine Schreibtischlampe mit warmem Licht oder einer Tageslichtlampe lässt Sie vor der Webcam natürlich aussehen. Über Frisur, Rasur und Make-up müssen Sie sich aber selbst Gedanken machen!

Funktioniert alles? Der Schnelltest für Ihre Einstellungen

Sie haben das Mikro angeschlossen und wollen am liebsten sofort loslegen? Kein Problem. Testen Sie jedoch vorher kurz, ob alles richtig funktioniert. Gerade wenn an Ihrem Computer mehrere Audiogeräte installiert sind, kann schnell mal das falsche ausgewählt werden. Skype hat zu diesem Zweck einen Anrufbeantworter eingerichtet, mit dem Sie aber keine Videoanrufe testen können, das heißt, wenn Sie Ihr Bild sehen, kann Ihr Gegenüber das auch. (Mehr zu Videotelefonie auf Seite 40.)

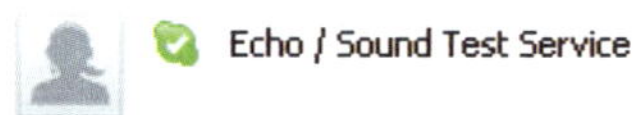

1 Der Anrufbeantworter ist meistens nach der Installation schon als Kontakt eingerichtet. Er heißt *Echo / Sound Test Service* oder *Skype Test Call*. Rufen Sie ihn einfach an.

2 Sie werden begrüßt und haben dann Gelegenheit, selbst etwas zu sagen. Es hört niemand zu, Sie können also frei von der Leber weg sprechen.

3 Wenn die Aufnahme fertig ist, wird sie Ihnen vorgespielt. Wenn Sie sich dann klar und deutlich hören, können Sie davon ausgehen, dass Ihr Gesprächspartner Sie anschließend einwandfrei versteht (und wenn nicht, wissen Sie, dass es nicht an Ihnen liegt!).

Wo ist der Anrufbeantworter?

Für den Fall, dass der Anrufbeantworter nicht in Ihrer Kontaktliste auftaucht, können Sie ihn auch über das Menü *Anruf/Audioeinstellungen* erreichen. Sie finden ihn unten unter den weiteren Möglichkeiten: *Kostenloser Testanruf zum Skype-Anrufbeantworter*.

Superschnell vom Handy aus skypen

Das Schöne an Smartphones ist, dass sie sich so einfach bedienen lassen. So auch die Skype-Apps. Mehr zu den einzelnen Apps in Kapitel 5.

1. Laden Sie die Skype-App für Ihr mobiles Gerät aus dem App Store, dem Android Market oder dem Ovi Store. Die Installation erledigt Ihr Handy von selbst.
2. Richten Sie Ihr Konto in der App ein oder legen Sie ein neues Konto an. Das geht auch vom Handy aus.
3. Innerhalb weniger Sekunden stehen Ihnen fast alle Skype-Funktionen auf Ihrem Handy zur Verfügung. Das gilt auch für Videoanrufe.

Der Schnell-Überblick

- Legen Sie ein Skype-Konto an. Das geht am bequemsten über die Webseite *www.skype.de*.
- Laden Sie die passende Software für Ihr Betriebssystem oder die Skype-App für Ihr Smartphone.
- Besorgen Sie sich ein Headset und eine Webcam. Es gibt viele günstige Einsteigermodelle.
- Bringen Sie die Webcam in die richtige Position, am besten oben in der Mitte auf Ihrem Bildschirm. Sorgen Sie außerdem für ausreichende Beleuchtung (und für ein gepflegtes Erscheinungsbild).
- Machen Sie den Test für Ihre Einstellungen. Testanrufe nimmt der Skype-Anrufbeantworter entgegen.

3. Skype am Computer optimal einsetzen – so nutzen Sie bequem alle Funktionen

Skype bietet eine Fülle an Funktionen und kann es mit jedem anderen Messenger wie zum Beispiel ICQ locker aufnehmen. Skype ist zwar für verschiedene Geräte und Betriebssysteme verfügbar, alle Funktionen bekommen Sie jedoch nur am Computer (egal ob PC oder Mac, egal ob Desktop-PC oder Note-/Netbook).

Der Kompaktmodus – so verbraucht Skype weniger Platz auf dem Bildschirm

Skype bietet Ihnen zwei Ansichten zur Auswahl: den *Standardmodus* und den *Kompaktmodus*. Über das Menü *Anzeige* können Sie zwischen den beiden Modi hin und her wechseln. Im Standardmodus haben Sie im linken Teil des Skype-Fensters in der Regel Ihre Kontaktliste und im rechten Teil weitere Informationen wie das Chatfenster.

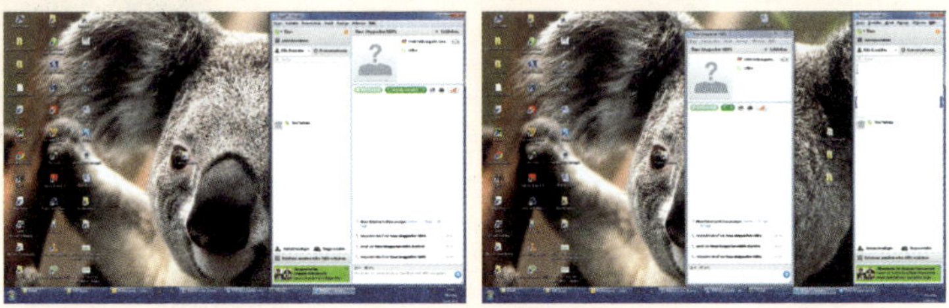

Der Standardmodus (links) braucht mehr Platz als der Kompaktmodus, bei dem Sie die einzelnen Fenster minimieren können.

Der Kompaktmodus ist platzsparender und flexibler. Im Kompaktmodus sehen Sie in der Regel nur Ihre Kontaktliste. Sobald Sie eine Funktion wie zum Beispiel ein Gespräch mit einem Kontakt beginnen, öffnet sich ein weiteres Fenster. Die Fenster können Sie einzelnen minimieren.

Auf den folgenden Seiten zeigen wir Ihnen die wichtigsten Skype-Funktionen und wo Sie sie im Programm finden. Eine ausführliche Beschreibung der Benutzeroberfläche finden Sie ab Seite 46.

So einfach geht skypen und chatten – die wichtigsten Praxisinfos

Wenn Skype läuft und Sie einen Kontakt in Ihrer Kontaktliste anklicken, können Sie:

- *Sofortnachricht senden*: eine sehr technische Umschreibung für chatten. Sie können Sofortnachrichten auch versenden, wenn der Kontakt nicht online ist. Die Nachricht wird dann zugestellt, sobald er oder sie Skype das nächste Mal startet.
- *Anrufen*: skypen nur mit Ton
- *Videoanruf*: skypen mit Ton und Bild.

Es geht auch alles gleichzeitig; während Sie mit einem Gesprächspartner skypen, können Sie ihm im Chatfenster zusätzlich noch ein paar Zeilen schreiben. Das kann praktisch sein, wenn Sie zum Beispiel einen Link schicken möchten.

Sie hören nichts? Was tun?

Kein Grund zur Panik. Die Programmierer von Skype wollen es Ihnen so einfach wie möglich machen, Skype zu benutzen, und haben zu diesem Zweck ein paar nützliche Hilfen eingebaut.

- **Prüfen Sie als Erstes, ob der Fehler nicht doch bei Ihnen liegt.** Wie viele stundenlange Telefonate mit Servicehotlines haben damit geendet, dass ein Stecker, der ganz sicher eingesteckt war, doch nicht drin war. Sind alle Stecker in den vorgesehen Anschlüssen? Beschränken Sie sich nicht auf die Sichtprüfung: Anfassen und dran wackeln!
- Ein gute Hilfe für die Fehlersuche sind die **Skype-Audioeigenschaften**, die Sie über das Menü *Anruf/Audioeinstellungen* erreichen. Sprechen Sie in Ihr Mikro. Schlägt der grüne Balken bei Mikrofon aus? Wenn ja, ist alles in Ordnung. Wenn nicht, schauen Sie mal nach, ob es bei *Mikrofon* noch weitere Einträge gibt, und gehen Sie diese der Reihe nach durch.
- Wenn Sie weder den Anrufbeantworter noch sich selbst hören, ist vielleicht die **Lautstärke des Computers** auf stumm geschaltet. Die kann man sowohl für die Lautsprecher als auch für die Mikrofone einstellen.
- Bei Windows-Computern finden Sie meistens unten rechts neben der Uhrzeit ein paar Symbole. Das ist der Infobereich.

1. Suchen Sie nach dem Lautsprechersymbol . Eventuell ist es versteckt, weil viele andere Symbole da sind und Windows die wenig gebrauchten ausblendet. Ein Klick auf  zeigt den ganzen Infobereich.
2. Hat der Lautsprecher ein kleines rotes Verbotsschild , könnte das schon des Rätsels Lösung sein. Klicken Sie einmal auf den Lautsprecher und entfernen unter dem aufpoppenden Regler den Haken vor *Ton aus*.

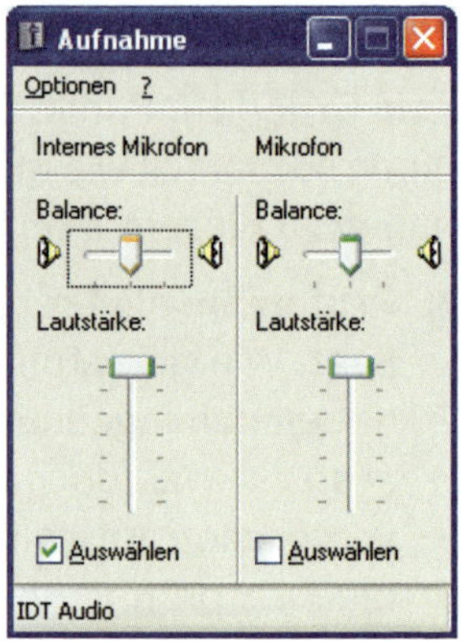

- Widmen Sie sich der **Lautstärkeregelung** intensiver. Klicken Sie dazu mit der rechten Maustaste auf den Lautsprecher im Infobereich und dann auf *Lautstärkeregelung öffnen*. Nun haben Sie alle Wiedergabequellen des Computers im Blick. Aber keine Regler für das Mikrofon. Diese finden Sie, wenn Sie unter *Optionen/Eigenschaften/Lautstärke regeln für Aufnahme* wählen. Wählen Sie hier durch den Haken das richtige Gerät aus und ziehen Sie den Regler ganz hoch.

- Beim Mac finden Sie die Lautstärkeregelung in der Ecke oben rechts.
- Die weiteren Einstellungen finden Sie unter *Skype/Einstellungen/Audio/Video*.

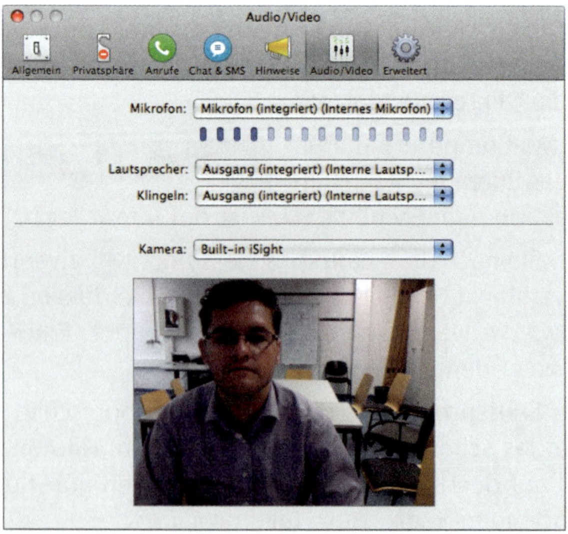

Noch schneller skypen: mit einem Doppelklick sofort anrufen

Sie können selbst entscheiden, was passieren soll, wenn Sie einen Kontakt in Ihrer Kontaktliste mit Doppelklick auswählen. Standardmäßig wird das Chatfenster geöffnet. Sie können das Programm aber auch so einstellen, dass sofort, ein Skype-Anruf gestartet wird.

Sie finden diese Einstellung im Menü *Aktionen/Optionen*. Gleich der erste Eintrag befasst sich damit: Setzen Sie einen Haken vor *Doppelklick auf einen Kontakt startet Anruf*.

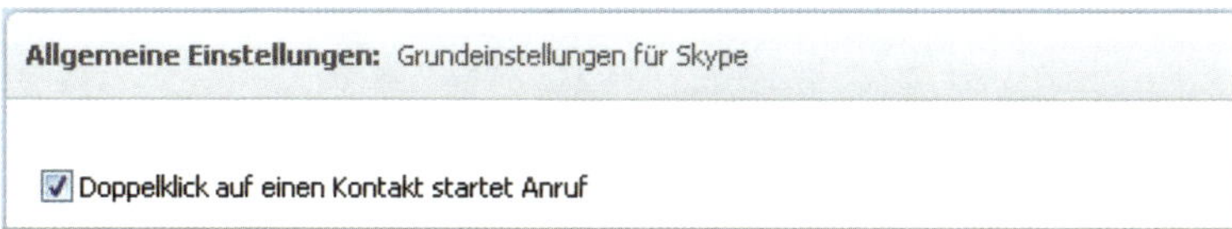

Endlich loslegen – aber wen anskypen?

Es war ja schon von Kontakten die Rede, doch woher nehmen und nicht stehlen?

Wenn Sie sich das erste Mal ein Skype-Konto angelegt haben, ist Ihre Kontaktliste vermutlich leer. Folglich können Sie auch mit niemanden skypen (mit Ausnahme des Skype-Anrufbeantworters). Das ist natürlich nicht der Sinn der Sache. Sie brauchen Kontakte.

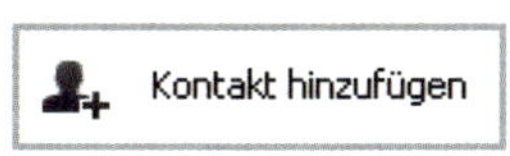

- Vielleicht gibt es jemanden, der Ihnen seinen Skype-Namen gegeben hat? Fügen Sie ihn Ihrer Kontaktliste hinzu. Dazu gibt es zum einen den Button *Kontakt hinzufügen* unten links, Sie können die Funktion über das *Kontakte*-Menü ebenso erreichen.

- Im gleichnamigen Fenster können Sie nun in der untersten Zeile den Skype-Namen eingeben. Skype sucht dann unter allen registrierten Nutzern nach diesem und ähnlichen Namen. Anschließend wird Ihnen das Ergebnis angezeigt.

- Auch wenn Sie den Skype-Namen eines Bekannten zunächst nicht kennen, können Sie ihn ausfindig machen. Probieren Sie es in der ersten Zeile mit seiner E-Mail-Adresse. Vielleicht landen Sie gleich einen Treffer, denn E-Mail-Adressen sind einmalig.
- Ganz anders sieht das dann bei der Suche nach dem Namen aus (*Vollständiger Name*). Je nachdem, wie gewöhnlich ein Name ist (zum Beispiel Michael Müller, über 200 Einträge), wird es schwer, hier den richtigen Menschen zu finden. Dabei helfen Ihnen im Idealfall weitere Angaben wie der Wohnort, das Herkunftsland oder das Foto. Voraussetzung hierfür ist, dass der Kontakt seine Profilinformationen ausgefüllt und veröffentlicht hat.

So finden Sie bei Skype schnell Ihre Freunde: einfacher Import Ihrer Kontakte aus Facebook, Outlook & Co.

Nicht zuletzt in Social Networks haben viele Nutzer ihre Kontaktdaten hinterlegt. Machen Sie sich das zunutze und lassen Sie Skype schauen, wer von Ihren Kontakten bei Skype dabei ist.

1 Über das Menü *Kontakte/Kontakte importieren* können Sie auswählen, wo Skype nach Kontakten suchen soll.

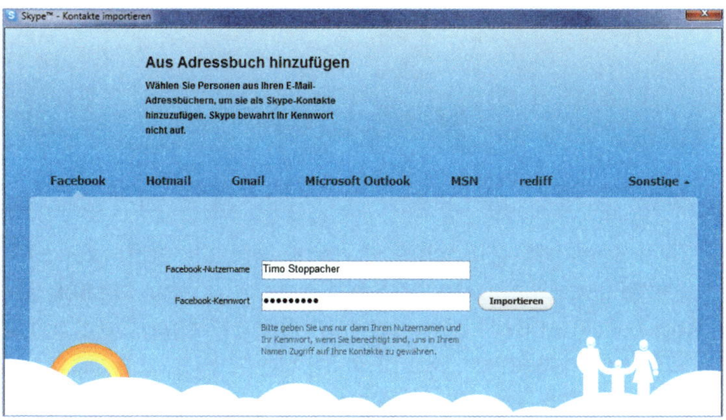

2 Das Maß aller Dinge ist derzeit Facebook. Logisch, dass der Import der Facebook-Kontakte nicht fehlen darf, er ist sogar die erste Möglichkeit, die Ihnen angeboten wird. Geben Sie Ihren Facebook-Nutzernamen und Ihr Facebook-Kennwort ein und klicken Sie auf *Importieren*.

3 Skype durchsucht nun Ihr Facebook-Adressbuch. Dabei werden zwei Methoden angewandt: Zum einen tragen viele Facebook-Nutzer ihren Skype-Namen bei Facebook ein, das macht es für Skype einfach. Zum anderen vergleicht Skype die bei Facebook registrierte(n) E-Mail-Adresse(n). So kann es dann vorkommen, dass Ihnen manche Facebook-Freunde im folgenden Fenster mehrfach angeboten werden. Je nachdem, wie viele Freunde Sie bei Facebook haben, kann es ein paar Minuten dauern, bis die Suche abgeschlossen ist.

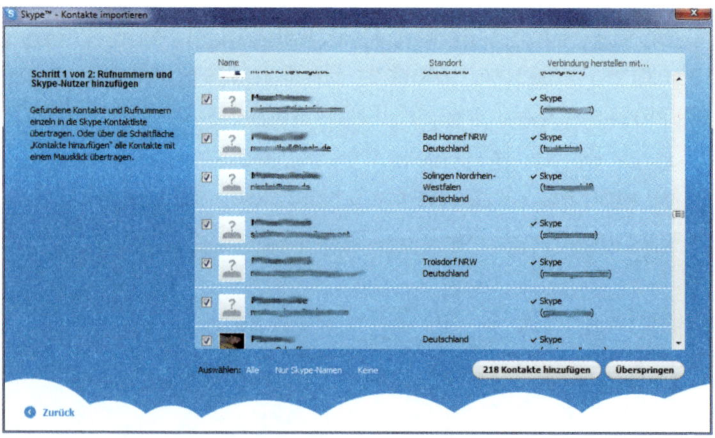

4 Standardmäßig möchte Skype sofort alle gefundenen Kontakte hinzufügen. Wenn Sie das nicht wollen, klicken Sie zunächst unter der Liste auf *Keine*. Dann können Sie in der Liste einzeln auswählen, wer es in Ihr Skype-Adressbuch schaffen soll. Klicken Sie anschließend auf *xxx Kontakte hinzufügen*.

Wenn Sie niemanden hinzufügen wollen, wählen Sie *Überspringen*.

5 Jetzt geht es weiter. Skype bietet Ihnen an, alle Facebook-Freunden, die noch nicht bei Skype registriert sind, per E-Mail einzuladen. Auch hier können Sie auswählen, wer diese Einladung bekommen soll. Im rechten Teil des Fensters sehen Sie den Einladungstext und können diesen anpassen.

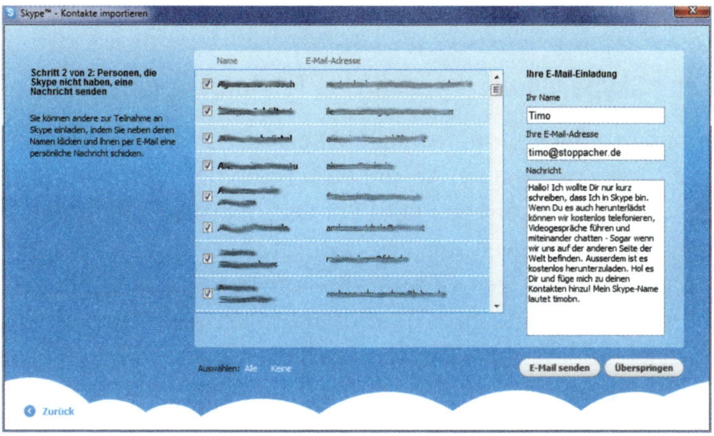

Auch hier sind standardmäßig alle Einträge ausgewählt. Klicken Sie auf *Keine* und wählen Sie dann einzelne Einträge aus. Ein Klick auf *E-Mail senden* verschickt die Einladungen. *Überspringen* verzichtet darauf. Ihre Kontaktliste wird jetzt um ein paar Einträge reicher sein.

6 Wie bereits erwähnt, Facebook ist zwar die Nummer 1, aber Skype kann noch mehr Adressbücher auslesen. So zum Beispiel die Adressbücher von Webmail-Anbietern wie Hotmail, Google Mail, Web.de und vielen mehr. Wählen Sie dazu den entsprechenden Reiter im Fenster Kontakte importieren aus.

Wenn Sie auf Ihrem Computer ein reguläres E-Mail-Programm wie Microsoft Outlook oder Outlook Express nutzen, können Sie auch Ihr lokales Adressbuch durchsuchen und mit Skype abgleichen lassen. Hier haben Sie ebenfalls die Möglichkeit, Menschen, die noch nicht bei Skype registriert sind, eine Einladungs-E-Mail zukommen zu lassen.

Skype lässt sich mit der E-Mail-Toolbar auch in Microsoft Outlook integrieren. Wie das geht, lesen Sie auf Seite 61.

Über Skype hinaus – günstig ins Telefonnetz anrufen

Einen großen Teil seiner Beliebtheit verdankt Skype sicherlich der Möglichkeit, auch Anrufe außerhalb des Internets machen zu können. Sie können mit SkypeOut beinahe jeden Telefonanschluss auf der Welt anrufen. Zwar nicht umsonst, aber zu teilweise sehr geringen Gebühren – oft wesentlich günstiger als der normale Tarif Ihres Telefonanbieters. Alle Details zu den Preisen und dem benötigten Guthaben finden Sie in Kapitel 4 auf Seite 66.

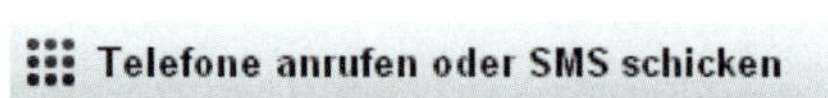

1 In der Skype-Software finden Sie unten den Button *Telefone anrufen oder SMS schicken*. Es öffnet sich das Fenster *Wähltasten* (in einer früheren Skype-Version waren hier die Wähltasten zu sehen, man hat wohl vergessen, das Fenster umzubenennen).

2 Geben Sie nun die Telefonnummer ein, die Sie anrufen wollen. Wenn Sie sich in Deutschland bei Skype registriert haben, geht Skype davon aus, dass Sie eine Nummer in Deutschland anrufen wollen (erkennbar an der deutschen Flagge). Sobald Sie eine andere Landesvorwahl eingeben – zum Beispiel 001 für die USA – ändert sich die Flagge.

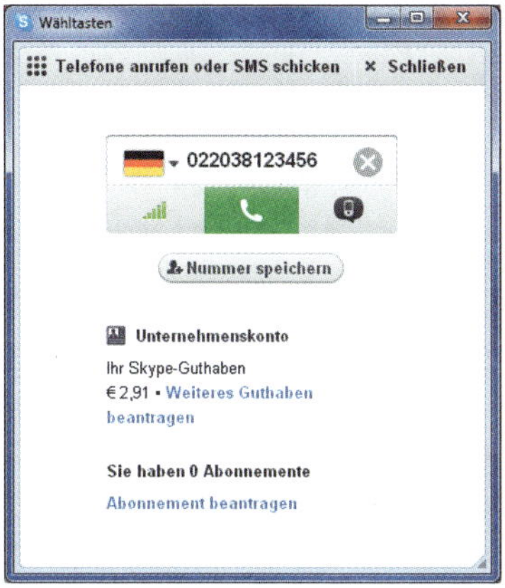

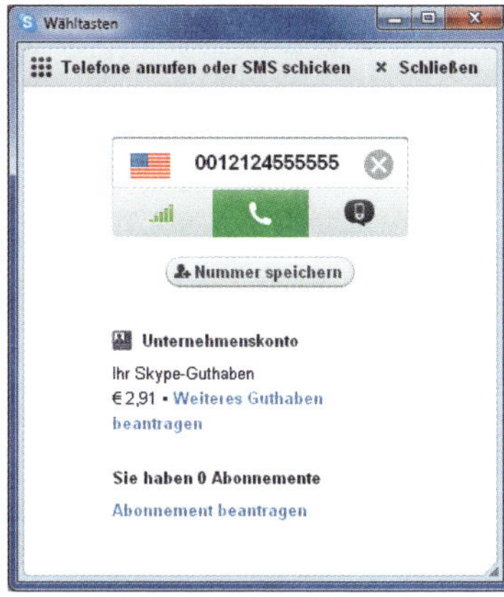

3 Ein Klick auf den grünen Button (Anruf) baut die Verbindung auf. Sobald die Verbindung hergestellt ist, hören Sie den Freiton und sobald jemand abnimmt, kann das Gespräch beginnen. Der Freiton entspricht nicht immer dem, den Sie vom normalen Telefon gewohnt sind.

Links neben dem grünen Button finden Sie einen weiteren Button . Er ist mit *Informationen zur Gesprächsqualität* beschriftet. Was nichtssagend klingt, verbirgt den Schnellzugriff auf die Einstellungen für Lautsprecher, Mikrofon sowie Informationen zur Internetverbindung. Das sind alles Faktoren, die die Qualität Ihrer Gespräche beeinflussen.

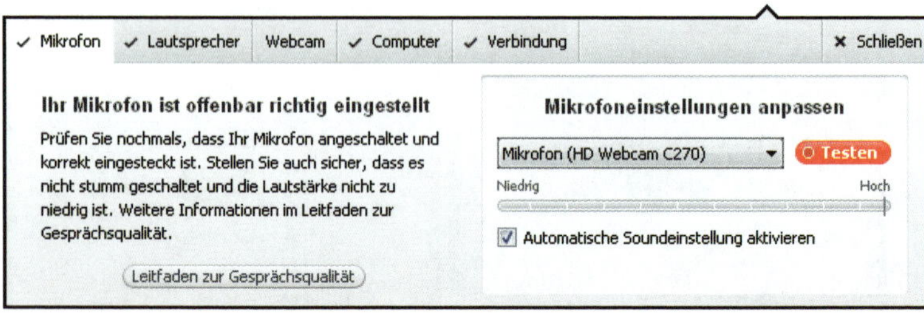

Schnell eine Landesvorwahl finden

Klicken Sie auf die Flagge und Sie sehen eine Liste der Ländervorwahlen. Wenn Sie also mal eine Landesvorwahl nicht kennen, können Sie sie hier nachschlagen.

So speichern Sie Telefonnummern in Skype

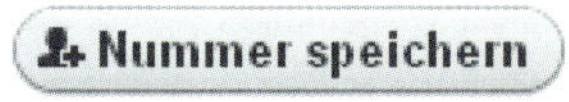

Skype lässt Sie nicht nur Skype-Kontakte speichern, auch Telefonnummern sind kein Problem. Der Button *Nummer speichern* im Fenster *Wähltasten* fügt die eingegebene Rufnummer als Kontakt hinzu. Sie sollten den Eintrag dann noch umbenennen, denn als Name wird ebenfalls die Rufnummer eingetragen.

Sie können auch zu einem Skype-Kontakt eine Telefonnummer speichern. Dann können Sie diesen Kontakt über das Telefonnetz anrufen, wenn dieser mal nicht mit Skype online ist. Wenn

Sie immer über Skype erreichbar sein wollen, können Sie auch die Anrufweiterleitung einrichten. Mehr dazu in Kapitel 4.

Ihr Telefonbuch immer dabei

Sowohl Ihre Skype-Kontakte als auch gespeicherte Telefonnummern werden zentral auf dem Skype-Server verwaltet. Es ist egal, von welchem Computer oder Gerät Sie sich einloggen, Ihnen stehen überall dieselben Kontakte zur Verfügung.

Schreiben Sie Ihre SMS bequem am PC

Rechts neben dem grünen Button finden Sie den Button für SMS . Wenn Sie eine Telefonnummer eingegeben und anschließend diesen Button gedrückt haben, öffnet sich ein Fenster für die SMS. Das Fenster sieht genauso aus wie das reguläre Skype-Chatfenster. Mit kleinen Unterschieden: In der kleinen Leiste über dem Eingabebereich wird Ihnen der Modus *SMS* angezeigt. Ganz rechts sehen Sie, was Sie die SMS kostet (ca. 0,10 Euro). Links daneben wird Ihnen angezeigt, was als Absender der SMS beim Empfänger angezeigt wird.

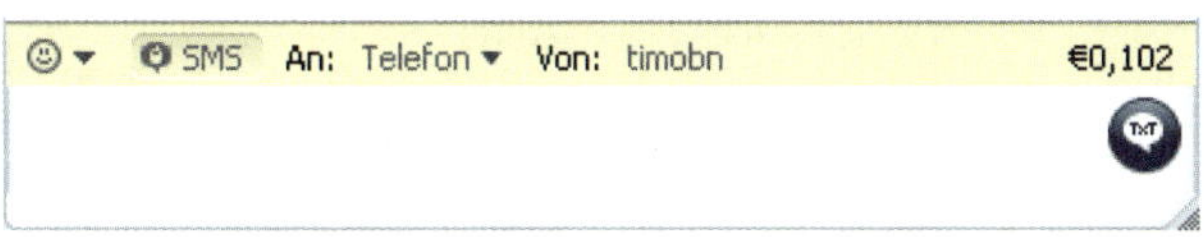

Da sollten Sie ansetzen, denn standardmäßig wird die SMS von einer zu Skype gehörenden Nummer versendet, die der Empfänger nicht zuordnen kann. Zum Beispiel eine Nummer aus Großbritannien. Auf diese Nummer kann der Empfänger nicht antworten (er kann schon, aber die Antwort kommt dann nicht bei Ihnen an). Versenden Sie stattdessen die SMS lieber mit Ihrer eigenen Handynummer als Absender.

So registrieren Sie Ihre Handynummer bei Skype

Wenn Sie Ihre Handynummer bei Skype registriert haben, können Sie SMS mit Ihrer eigenen Nummer versenden, auf die der Empfänger dann auch antworten kann.

1 Das geht am schnellsten, wenn Sie auf den Eintrag hinter *Von:* klicken (da wird jetzt noch Ihr Skype-Name stehen). Sie gelangen in das Menü *SMS-Einstellungen* in den Skype-Optionen.

2 Wählen Sie *Eine (andere) Handy-Nummer bestätigen lassen*.

3 Geben Sie Ihre Handynummer ein und warten Sie auf die SMS mit dem Bestätigungscode, den Sie im Feld unten darunter eingeben.

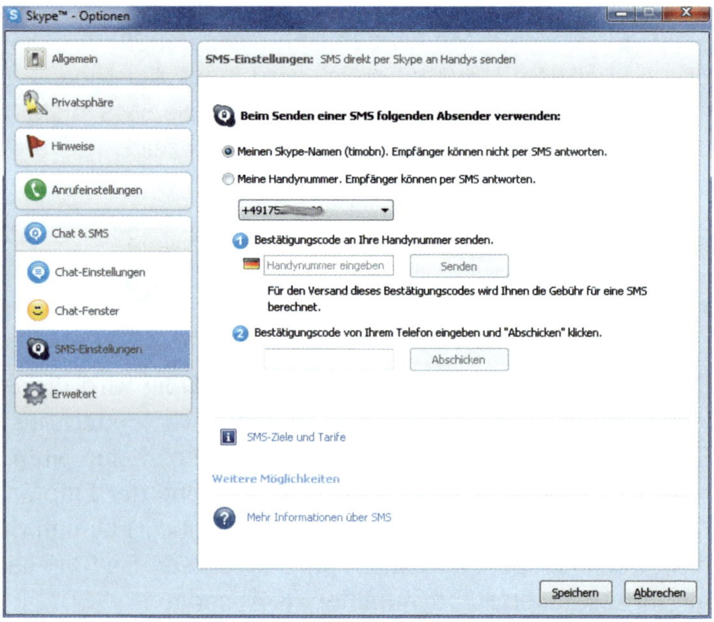

Diese Registrierung kostet Sie einmalig den Preis einer SMS über Skype (es muss also Guthaben vorhanden sein). Die Registrierung ist nötig, damit nicht einfach jeder SMS mit fremdem Absender versenden kann. Der Empfänger kann nämlich nicht sehen, ob die SMS vom Handy des Absenders kommt oder von einem SMS-Dienst wie Skype.

Dieser Dienst von Skype ist praktisch, wenn der Preis einer regulären SMS höher ist als bei Skype. Zum Beispiel wenn Ihr Freikontigent aufgebraucht ist oder Sie im Ausland sind. Weiterhin ist der Versand einer SMS an ein ausländisches Handy über Skype fast immer günstiger als über das eigene Handy.

Mit mehreren sprechen – Konferenzgespräche einfach führen

Viele Dinge lassen sich schneller besprechen, als sie in langen E-Mails beschrieben werden können. Gerade wenn die betroffenen Personen weit entfernt voneinander sind, sind Telefonkonferenzen eine praktische, weil zeit- und geldsparende Möglichkeit der Kommunikation. Skype eignet sich sehr gut, wenn Sie mit mehreren auf einmal sprechen, also ein Konferenzgespräch führen wollen. Und Sie können über SkypeOut sogar Menschen in die Konferenz einbinden, die Skype nicht nutzen und nur über ein Telefon erreichbar sind.

25 Teilnehmer – mehr geht nicht

Skype gibt als Obergrenze für Konferenzgespräche 25 Teilnehmer an. Generell gilt, je mehr Teilnehmer, desto schwieriger die Kommunikation untereinander. Wenn Sie und die anderen sich nicht sehen können, ist es zum Beispiel schwer herauszufinden, wer als Nächstes sprechen möchte. Denn nonverbale Kommunikation, die hier helfen könnte, fehlt. Aber mit einer einstelligen Teilnehmerzahl lassen sich schöne Konferenzen führen.

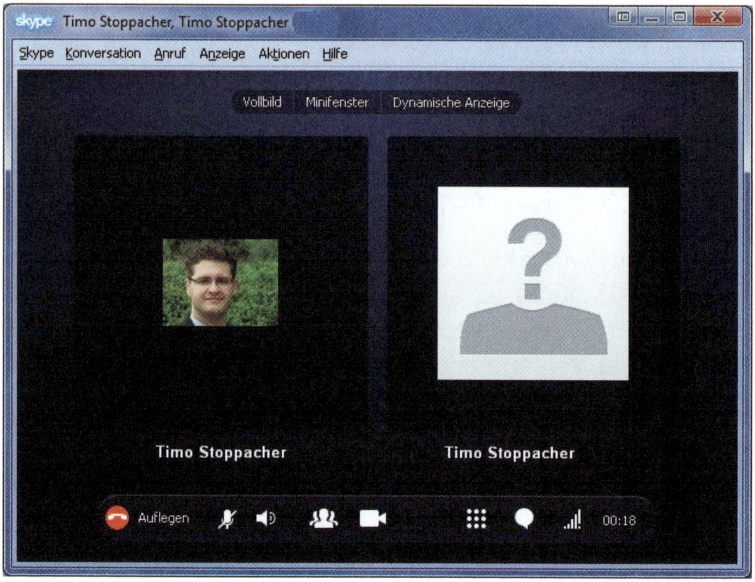

Konferenzgespräche sind im Prinzip genauso einfach wie jeder andere Skype-Anruf auch. Um ein Konferenzgespräch zu beginnen, können Sie auf verschiedene Arten vorgehen.

So fügen Sie weitere Teilnehmer zu einem Gespräch hinzu

Wenn Sie bereits ein Gespräch zu zweit führen, fügen Sie einfach einen oder mehrere weitere Kontakte zum Gespräch hinzu. Auch das ist auf mehreren Wegen möglich.

- Am einfachsten und schnellsten geht es, wenn Sie den/die neuen Teilnehmer in Ihrer Kontaktliste auswählen und mit der Maus in das bestehende Gespräch hineinziehen.
- Alternativ drücken Sie den Button *Kontakte hinzufügen* ( oder ) im Gesprächsfenster und wählen aus, welchen Ihrer Skype-Kontakte Sie hinzufügen möchten.

Sobald Sie die Auswahl mit *OK* bestätigt haben, werden Ihre Kontakte hinzugefügt und angerufen. Wenn diese die Anrufe angenommen haben, sind sie sofort im Gespräch mit dabei und Sie haben Ihr Konferenzgespräch. Sie können jederzeit weitere Teilnehmer hinzufügen, aber auch aktive Teilnehmer vom Gespräch entfernen.

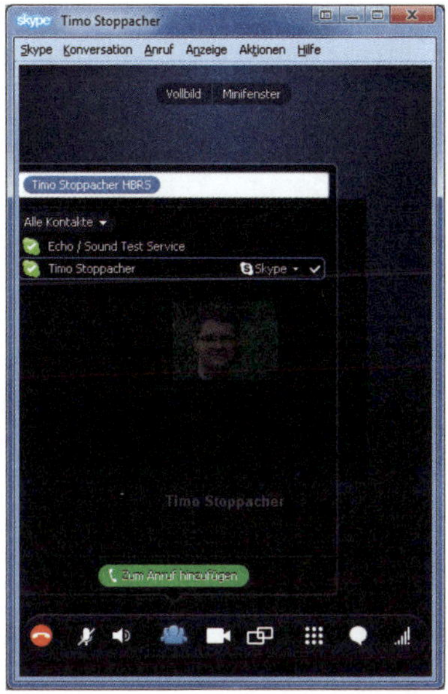

Dieselbe Funktion erreichen Sie über *Konversation/Kontakte hinzufügen*.

Konferenzgespräche mit Smartphones führen

Skype-Nutzer, die gerade mit einem Smartphone online sind, können Sie auch in ein Konferenzgespräch einbinden. Jedoch können diese zum Teil selber keine weiteren Teilnehmer hinzufügen. Diese Funktion ist zum Beispiel auf dem iPhone derzeit noch nicht vorgesehen, auf Android-Smartphones funktioniert es. Mehr Infos zu den Skype-Funktionen auf Smartphones finden Sie in Kapitel 5.

Die ganze Gruppe auf einmal anrufen

Besonders praktisch, wenn Sie mit einer Gruppe von Kontakten immer wieder mal skypen wollen: Legen Sie eine Gruppe an. Auch hier gibt es mehrere Möglichkeiten:

- Wenn Sie bereits ein Konferenzgespräch mit einer Gruppe hatten, speichern Sie diese einfach mit *Konversation/Zur*

Kontaktliste hinzufügen. Jetzt haben Sie am Ende Ihrer Kontaktliste die Gruppe. Diese ist derzeit noch nach den Kontakten benannt, die in der Gruppe enthalten sind. Sie können Sie natürlich umbenennen. Klicken Sie einmal mit der rechten Maustaste auf die Gruppe und wählen Sie *Umbenennen*.

- Mit dem Button *Gruppe erstellen* unten rechts (oder *Kontakte/Neue Gruppenkonversation*) bekommen Sie ein neues Fenster, in das Sie ebenfalls Kontakte aus Ihrer Kontaktliste hinein ziehen.

Den anderen sehen – Videotelefonie zu zweit nutzen

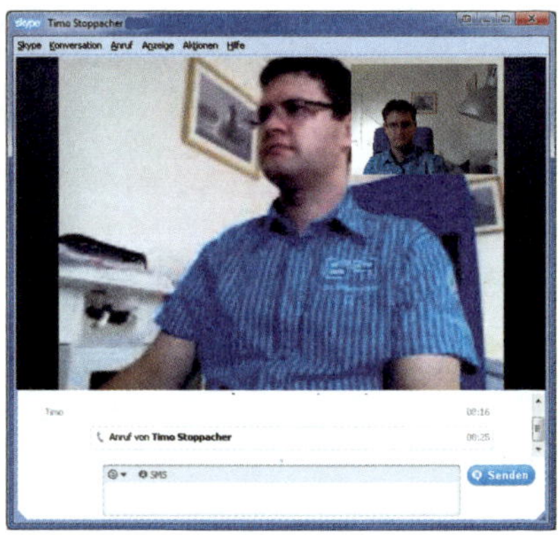

Pärchen in einer Fernbeziehung lieben diese Funktion genau wie alle anderen, die von ihren liebsten Menschen getrennt sind. Sie können kostenlos mit jedem anderen Skype-Nutzer auf der Welt Videoanrufe führen. Egal, ob derjenige an seinem Computer sitzt oder mit einem geeigneten Smartphone unterwegs ist. Alles, was Sie dazu brauchen, ist eine Webcam (mehr dazu in Kapitel 2).

Der Videoanruf ist genau so einfach wie jeder andere Skype-Anruf.

1 Sie klicken entweder auf einen Kontakt in der Liste und wählen Videoanruf, oder Sie klicken im Gesprächsfenster auf den Button Videoanruf.

2 Der Angerufene hat die Wahl, ob er den Anruf mit oder ohne Video entgegennehmen möchte.

3 Auch während eines laufenden Skype-Telefonats ohne Video kann einer der Teilnehmer seine Videoübertragung jederzeit an- und wieder abschalten. Dazu muss nur das Kamerasymbol aktiviert werden (die Symbolleiste erscheint erst, wenn der Mauszeiger im Gesprächsfenster ist).

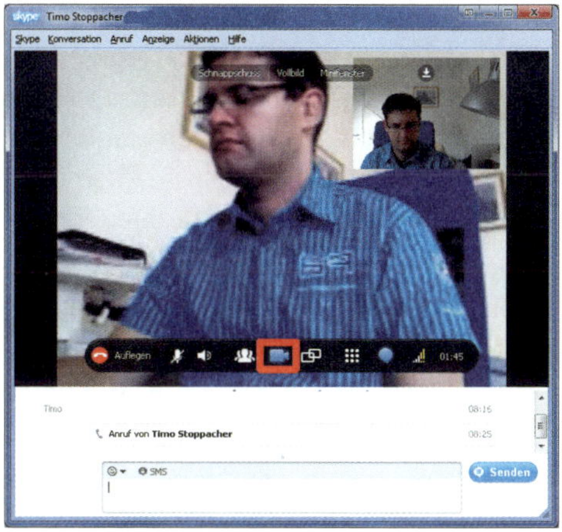

Mit dem Kamera-Button kann die Videoübertragung jederzeit unterbrochen oder wieder eingeschaltet werden.

Gruppen-Videokonferenzen einleiten – So können Sie die anderen auch sehen

Die Videoanrufe sind eine tolle Sache, funktionieren aber nur zu zweit. Denn sobald Sie mit mehreren Teilnehmern eine Videokonferenz führen wollen, müssen Sie dafür bezahlen. Dieser Dienst nennt sich Skype Premium und kostet derzeit (Juli 2011) 3,49 Euro für einen Tag. Sie kaufen dann einen Tagespass.

Wenn Sie genau wissen, dass Sie öfter Videokonferenzen machen wollen, können Sie auch das Monatsabonnement für 5,99 Euro abschließen.

Beide Optionen finden Sie auf der Skype-Webseite unter *Preise/Skype Premium*.

Kostenlose Videokonferenzen – kaum möglich

Videokonferenzen sind ein einträgliches Geschäft. Viele Firmen sparen sich damit Tausende Euro Reisekosten, wenn ihre Mitarbeiter nicht mehr um die halbe Welt fliegen, sondern es sich im heimischen Konferenzraum vor einer Videowand gemütlich machen. An diesem sicherlich weiter wachsenden Markt möchten Firmen wie Skype teilhaben, deshalb werden Sie im Internet kaum einen Anbieter finden, der Ihnen kostenlose Videokonferenzen ermöglicht.

Eine Möglichkeit gibt es jedoch: ooVoo. Dieser Skype-Konkurrent bietet Ihnen vieles, was Skype auch kann. Also chatten, telefonieren (ins Internet und ins Festnetz), Videoanrufe und **kostenlose Videokonferenzen mit maximal drei Teilnehmern.**

Natürlich möchte ooVoo auch Geld verdienen und bietet gegen Gebühr Videokonferenzen mit bis zu sechs Teilnehmern an. Ein weiterer Vorteil von ooVoo: Sie können an Videokonferenzen auch teilnehmen, wenn Sie die Software nicht installiert haben, einfach über den Webbrowser. Auch für einige Smartphones sind ooVoo-Apps verfügbar. Mehr dazu in Kapitel 5.

Alles über ooVoo finden Sie auf der Webseite *www.oovoo.com*.

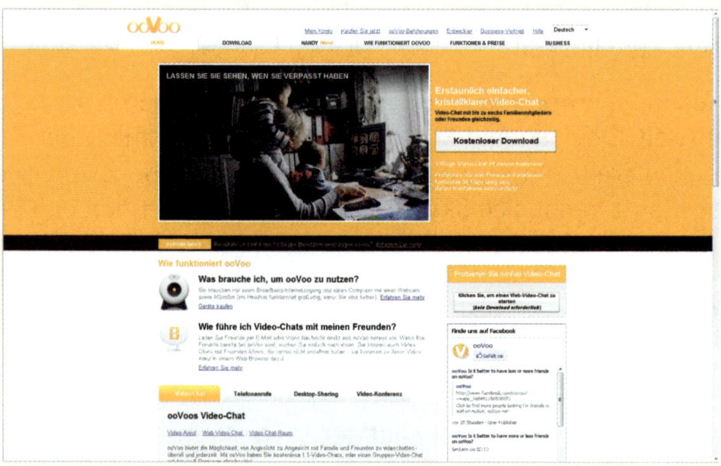

Noch ein paar Fakten zu Skype Premium:

- Es reicht, wenn einer der Teilnehmer Skype Premium hat.
- Maximal zehn Personen können teilnehmen.
- Mobile Geräte wie iPhones werden zurzeit noch nicht unterstützt (die Teilnehmer können dann nur mit Ton zugeschaltet werden).
- Sie können die Gruppen-Videokonferenz eine Woche kostenlos testen. Mehr Infos dazu auf der Skype-Webseite.

Weitere Dienste nutzen: die einfache Dateiübertragung und eine schnelle Bildschirmfreigabe einsetzen

Dateiübertragung: Sie können Skype auch zur Dateiübertragung verwenden. Der Skype-Kontakt, dem Sie eine Datei schicken wollen, muss jedoch online sein. Ziehen Sie einfach eine oder mehrere Dateien auf den Eintrag in der Kontakt-Liste oder in das geöffnete Chatfenster. Wenn Sie die Dateien in das Chatfenster einer Gruppe ziehen, erhalten alle Teilnehmer der Gruppe die Datei(en).

Die Dauer der Übertragung ist davon abhängig, wie schnell die einzelnen Teilnehmer mit dem Internet verbunden sind. Bitte beachten Sie, dass selbst schnelle DSL-Anschlüsse oft eine wesentlich geringere Upload-Geschwindigkeit haben.

Generell muss jeder Empfänger einer Datei die Dateiübertragung erlauben. Wenn Ihnen eine Datei geschickt wird, wählen Sie *Speichern unter*, es wird Ihnen dann noch ein Warnhinweis angezeigt, dass die Datei Viren enthalten könnte.

Wenn Sie eine Datei an einen Kontakt schicken, der gerade mit einem Smartphone online ist, kann dieser das zwar je nach Gerät sehen, die Datei aber nicht herunterladen.

Sicherheitstipp: Viren, Trojaner und Co.

Ebenso wie bei E-Mail-Anhängen sollten Sie auch bei Skype-Dateien vorsichtig sein; gerade wenn Ihnen diese von Unbekannten oder flüchtigen Chatbekanntschaften geschickt werden. Dazu eine Nachricht in schlechtem Englisch (vor allem wenn Ihr Kontakt perfekt Deutsch können müsste) und bei Ihnen sollten die Alarmglocken läuten. Denn auch ein Skype-Konto kann geknackt und der Computer Ihres Kontakts mit Viren oder einem Trojaner infiziert sein. Wenn Sie sich nicht sicher sind, dass Sie dem Absender vertrauen können, sollten Sie mit *Abbrechen* die Datei nicht annehmen.

Bildschirmfreigabe: Eine weitere interessante Funktion ist die Bildschirmfreigabe. Hier können Sie Ihren Skype-Kontakten zeigen, was auf Ihrem Bildschirm passiert. Auf diesem Weg können Sie zum Beispiel eine Präsentation zeigen oder jemandem ein Programm erklären. Diese Funktion steht in Gruppengesprächen derzeit nicht zur Verfügung.

1 Um die Bildschirmfreigabe zu starten, rufen Sie zunächst einen Kontakt an, egal ob mit oder ohne Videounterstützung.

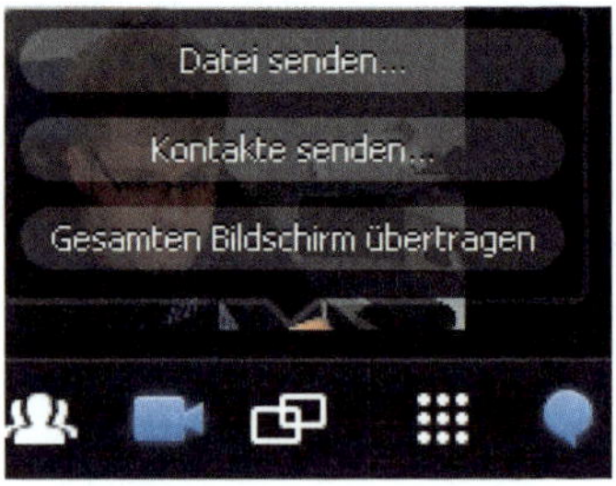

2 Dann drücken Sie den Button für die Bildschirmfreigabe ⧉ oder klicken im Menü auf *Anruf/Bildschirminhalt übertragen*. Als Nächstes poppt ein kleines Menü auf, in dem Sie *Gesamten Bildschirm übertragen* wählen müssen.

3 Ihr Kontakt kann dann den Inhalt Ihres Bildschirms sehen. Der Bildschirminhalt wird anstelle des Webcam-Bildes übertragen. Auch die gegenseitige Übertragung ist möglich.

Sie sehen oben in der Mitte Ihres Bildschirms ein kleines schwarzes Fenster mit dem Button *Nicht mehr übertragen*. Dieser unterbricht die Bildschirmübertragung.

Links daneben finden Sie erneut den Button für die Bildschirmfreigabe mit einer weiteren Funktion: *Fenster auswählen*.

4 Wenn die Übertragung einmal läuft, können Sie ein einzelnes Fenster auswählen, das übertragen werden soll. Aber erst, nachdem Sie bereits den ganzen Bildschirm übertragen haben. Klicken Sie auf *Fenster auswählen* und wählen Sie ein Programmfenster aus. Während der Aus-

wahl ist Ihr Bildschirm blau gefärbt. Die Färbung zeigt den Bereich an, der übertragen wird. Wenn Sie das richtige Fenster ausgewählt haben, müssen Sie die Übertragung noch mit *Fenster übertragen* (wieder oben in der Mitte) bestätigen.

5 Über den Button *Bildschirmfreigabe* können Sie wieder zum ganzen Bildschirm zurückkehren oder ein anderes Fenster auswählen. Das Fenster, das derzeit übertragen wird, ist rot umrandet, wenn es geöffnet ist. Wenn das Fenster im Hintergrund oder minimiert ist, sehen Sie auf den ersten Blick nicht, dass noch eine Übertragung läuft. Ihr Gesprächspartner kann auch Änderungen in dem Fenster sehen, wenn Sie sie nicht sehen können! Rein theoretisch könnten Sie so Ihrem Gesprächspartner einen Film zeigen, während Sie weiter E-Mails schreiben (allerdings ohne Ton).

Weitere wichtige Funktionen der Skype-Software im Schnell-Überblick

Bisher wurden schon viele einzelne Funktionen von Skype erläutert, nun erfolgt ein Überblick über die Benutzeroberfläche der Skype-Software.

Der Übersichtlichkeit geschuldet, wird Skype hier im Kompaktmodus betrachtet (siehe Seite 23). Im Kompaktmodus sind einzelne Bereiche in gesonderte Programmfenster ausgelagert.

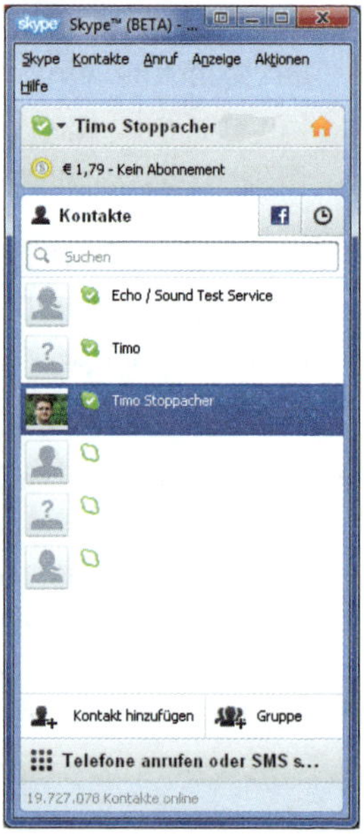

Ihr Skype-Konto und Ihr Status

Hier steht Ihr Name so, wie Sie ihn in Ihr Profil eingetragen haben. Das ist nicht der Name Ihres Skype-Kontos. Wenn Sie Ihren Namen anklicken, erscheint der Skype-Home-Bildschirm (siehe nächster Abschnitt).

Links neben Ihrem Namen finden Sie Ihren aktuellen Skype-Status. Mit dem Status geben Sie Ihren Kontakten Auskunft über Ihre Erreichbarkeit. Eine genaue Erläuterung der Status finden Sie auf Seite 54.

Unter Ihren Namen finden Sie den aktuellen Kontostand Ihres Skype-Kontos. Wenn Sie Ihr Konto bisher noch nicht aufgeladen haben, sehen Sie stattdessen den Text *Festnetz- oder Mobiltelefone anrufen*. Ein Klick auf die Schaltfläche führt zur Kontoübersicht, wie Sie sie auch auf der Webseite finden. Mehr zum Skype-Konto und -Guthaben auf Seite 68.

Skype Home

Der Skype-Home-Bildschirm zeigt Ihnen unter *News und Benachrichtigungen* in erster Linie Meldungen von Skype selbst, zum Beispiel über den Kauf von Skype-Guthaben. Weiterhin wird angezeigt, wenn Skype-Kontakte ihre Statusmeldungen geändert haben. Neben Ihrem Profilbild können Sie Ihre eigene Statusmeldung direkt ändern.

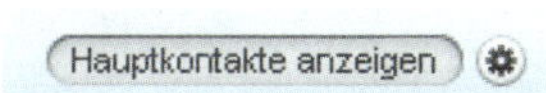

Mit dem Button *Hauptkontakte anzeigen* erlaubt Skype Ihnen den Schnellzugriff auf die Menschen, mit denen Sie am häufigsten über Skype kommuniziert haben.

Wählen Sie einen Kontakt aus, werden Ihnen die Schaltflächen für Anrufe und Sofortnachrichten angezeigt.

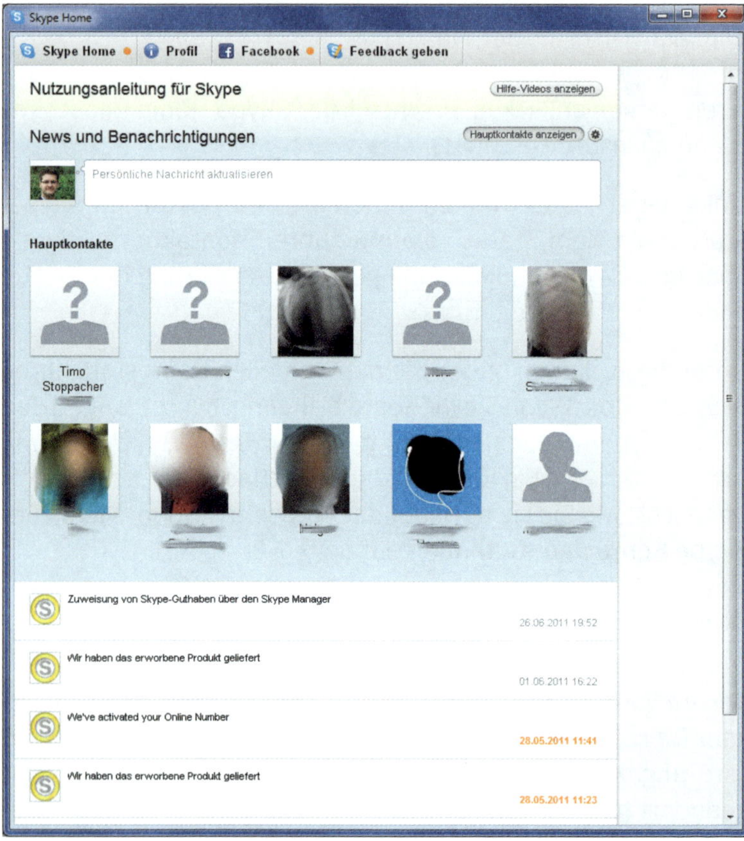

Ganz oben im Fenster

finden Sie weitere Buttons, mit denen Sie zu anderen Fenstern wechseln können: *Profil*, *Facebook* und *Feedback geben*.

Profil

In diesem Fenster sehen Sie Ihr Profil und können es bearbeiten. Mehr dazu auf Seite 55.

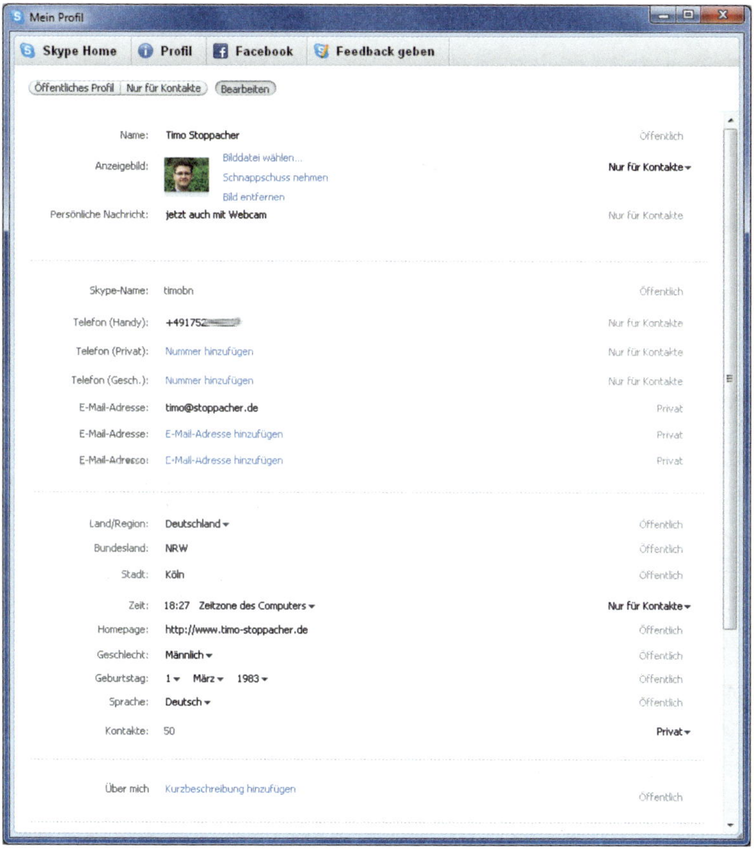

Facebook (Fenster)

Dieses Fenster zeigt Ihnen aktuelle Meldungen Ihrer Freunde bei Facebook. Voraussetzung dafür ist, dass

Sie Skype *Mit Facebook verbinden*. Geben Sie dann Ihre Zugangsdaten zu Facebook ein.

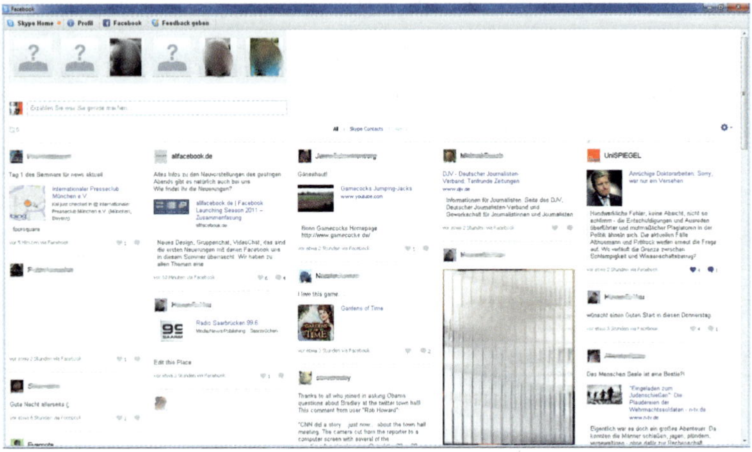

Im Facebook-Fenster gibt es oben erneut Ihre Hauptkontakte. Darunter können Sie Ihre Statusmeldung bei Facebook posten. Mit dem ⚙-Symbol rechts können Sie Skype wieder *Von Facebook trennen*.

Mit dem ♥-Symbol können Sie Beiträge von Freunden mit *Gefällt mir* markieren, mit dem 💬-Symbol können Sie die Beiträge direkt kommentieren und/oder die anderen Kommentare dazu lesen.

Wenn einer Ihrer Freunde bei Facebook seinen Skype-Namen hinterlegt hat, können Sie mit einem Klick auf das Bild gleich mit ihm skypen, auch wenn er nicht in Ihrer Kontaktliste ist.

Feedback geben

In diesem Fenster können Sie Nachrichten an das Team von Skype schicken.

Kontakte

Den überwiegenden Teil des Skype-Fensters nimmt in der Regel die Kontaktliste ein. Hier werden Ihnen Ihre Skype-Kontakte angezeigt. Sie können entscheiden, welche das sein sollen, dazu gibt es die Kontaktkategorien. Klicken Sie auf das Dreieck, um eine Kategorie auszuwählen.

Wenn Sie nicht sehen, müssen Sie die Kategorien zunächst aktivieren. Wählen Sie dazu im *Kontakte*-Menü *Kontaktkategorien/Alle Kontaktkategorien anzeigen*.

Sie haben die Wahl:

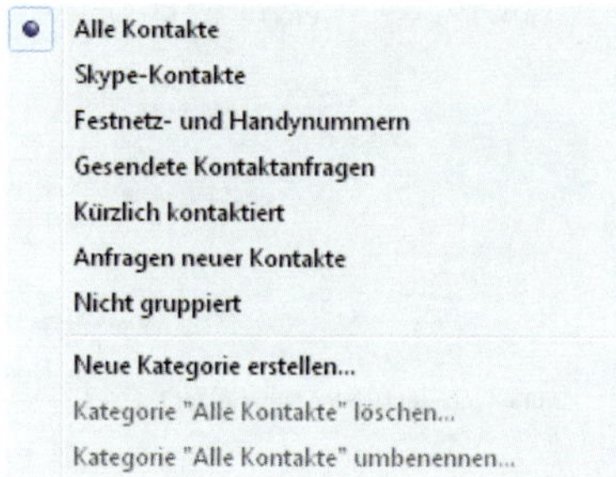

- *Alle Kontakte* zeigt alle an, die Sie in Skype gespeichert haben.
- *Skype-Kontakte* dagegen zeigt nur echte Skype-Nutzer an.
- Sie *können Festnetz- und Handynummern* in Skype speichern. Diese Auswahl zeigt dann nur die gespeicherten Nummern an. Mehr dazu auf Seite 34.
- *Gesendete Kontaktanfragen* sind Skype-Nutzer, die Ihren Kontaktwunsch noch nicht bestätigt haben.
- *Kürzlich kontaktiert* ist eine Übersicht der Kontakte, mit denen Sie in letzter Zeit geskypt oder gechattet haben.
- *Anfragen neuer Kontakte* sind Kontaktanfragen an Sie, die Sie noch nicht beantwortet haben.
- *Nicht gruppiert* sind Kontakte, die noch keiner Gruppe zugeordnet sind. Wenn Sie keine Gruppe angelegt haben, sind das zunächst alle. Mehr zu den Gruppen auf Seite 39.
- Sie können auch selber *Neue Kategorien erstellen*.

Generell können Sie die Kontakte ausblenden, die nicht erreichbar sind, weil sie zurzeit nicht bei Skype angemeldet sind. Wählen Sie dazu im *Kontakte*-Menü *Kontakte mit diesem Status verbergen/Offline*.

Facebook (Chat)

Sobald Sie Skype und Facebook verbunden haben, können Sie aus der Skype-Software heraus sofort mit Ihren Facebook-Freunden chatten. Die Facebook-Kontakte können nicht in Kategorien eingeteilt werden, sie sind aber nach Onlinestatus sortiert. Freunde, die online sind, werden in der Liste oben angezeigt. Facebook kennt analog zur Webseite nur zwei Onlinestatus: *Online* und *Abwesend*.

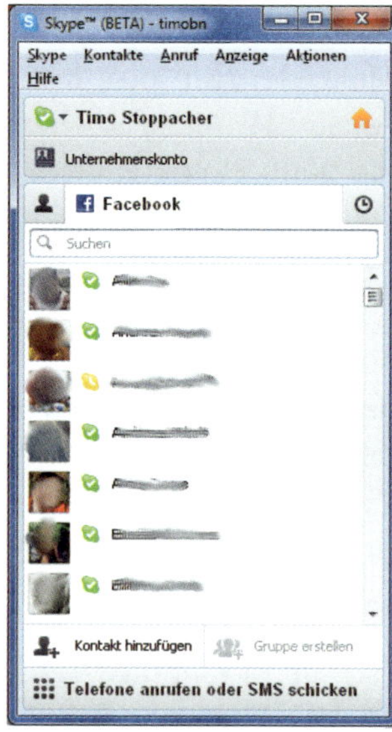

Konversationen

Diese Liste zeigt Ihnen eine Art Verlaufsprotokoll Ihrer letzten Chats und Skype-Anrufe.

Mehr Kontakte

Am unteren Rand des Fensters finden Sie die Buttons *Kontakte hinzufügen* und *Gruppe erstellen*, mit denen Sie Ihre Kontaktliste erweitern können. Mehr dazu auf Seite 27 (Kontakte hinzufügen) bzw. Seite 39 (Gruppe).

Telefone anrufen oder SMS schicken

Mit diesem Button öffnet sich das Fenster *Wähltasten.* Hier können Sie dann SkypeOut-Anrufe führen. Mehr dazu auf Seite 32.

Kontakte Online

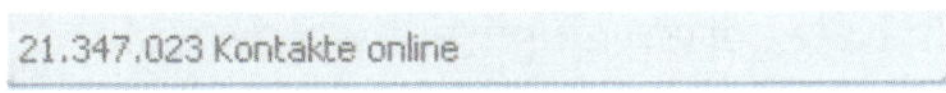

Ganz unten finden Sie noch die Information darüber, wie viele Skype-Nutzer gerade angemeldet sind. In der Regel sind das ca. 20 Millionen!

Erreichbar oder abwesend – Ihr Skype-Status

Der Sinn einer Chat- und Telefonie-Software wie Skype ist ja, dass man kommuniziert. Dazu gehört auch, dass man angechattet oder angerufen wird. Und es gibt Situationen, da will oder kann man eben gerade nicht gestört werden. Diese Situationen können Sie mit dem Skype-Status Ihren Kontakten mitteilen. Der Skype-Status ist auf allen Geräten (also Computer, Smartphones usw.) gleich.

- **Online**: Der Button ist grün – wie bei einer Ampel signalisieren Sie damit quasi „freie Fahrt“, Sie sind ansprechbar.
- **Abwesend**: Damit zeigen Sie Ihren Kontakten, dass Sie zwar Ihren Computer angemacht haben, aber nicht unbedingt den ganzen Tag davor sitzen.
- **Beschäftigt**: Bitte nicht stören! Eindeutiger geht es bei Skype nicht. Um das zu unterstützen, erhalten Sie auch keine akustischen Hinweise, falls Sie jemand anruft oder Ihnen eine Nachricht schickt.

  Wenn Sie am Computer das Skype-Fenster eingeblendet haben, sehen Sie zwar in Ihrer Kontaktliste, dass jemand Sie kontaktiert, aber der animierte Hörer ist so klein, man übersieht ihn leicht. Skype weist Sie extra daraufhin, dass Sie quasi unerreichbar sind, wenn Sie den Status auf *Beschäftigt* ändern. Aber nichts geht verloren: Skype führt Protokoll darüber, wenn jemand versucht hat, Sie zu erreichen.

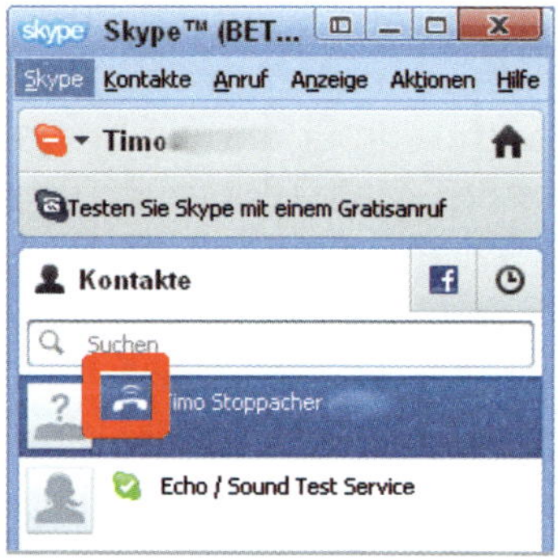

Der animierte Hörer weist Sie auf eingehende Anrufe hin, wenn Ihr Status Beschäftigt ist.

- **Als offline anzeigen**: Sie sind schlichtweg unsichtbar. Ihre Kontakte können nicht sehen, dass Sie mit Skype aktiv sind. Trotzdem kann man Sie kontaktieren. Wenn Ihr Kontakt Sie auf Verdacht anruft, klingelt es bei Ihnen. Und das bekommt Ihr Kontakt auch mit. Das gilt erst recht, wenn Sie unsichtbar jemanden anskypen.
- **Offline**: Mit diesem Status sind Sie wirklich offline. Sie können niemanden erreichen und sind auch nicht erreichbar.

Am Computer ändern Sie den Status einfach, indem Sie auf das Statussymbol neben Ihrem Namen klicken. Alternativ im Menü über *Skype/Onlinestatus*. Wie Sie den Status auf einem mobilen Gerät ändern, erfahren Sie in Kapitel 5.

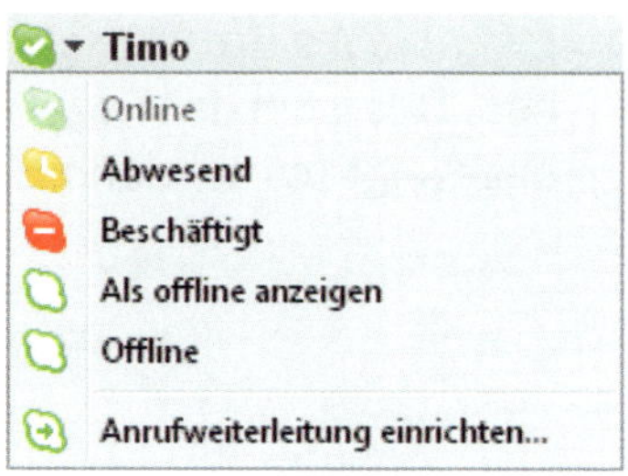

Schützen Sie Ihre Daten!

Ihr Skype-Profil enthält jede Menge Daten. Diese sind zum Teil für jeden anderen Skype-Nutzer sichtbar, zum Teil nur für Ihre Kontakte. Und bei einigen Informationen können Sie selbst bestimmen, wer sie sehen darf. Beispielsweise ist Ihre E-Mail-Adresse immer privat, niemand kann Sie über das Skype-Verzeichnis in Erfahrung bringen. Sollte aber jemand Sie anhand Ihrer E-Mail-Adresse im Skype-Verzeichnis suchen, werden Sie auch gefunden.

Persönliche Daten einsehen und bearbeiten

Sie können Ihre persönlichen Daten sowohl im Internet als auch in der Skype-Software einsehen und bearbeiten. Auf der Webseite von Skype finden Sie in der Kontoübersicht unten links *Profildetails*. Hier können Sie aber nicht alle Details verändern. Das geht nur (und auch wesentlich komfortabler) in der Skype-Software.

Öffnen Sie mit *Skype/Profil/Profil bearbeiten* Ihr Profil. Oben links sehen Sie drei Buttons:

- *Öffentliches Profil* zeigt, was alle Skype-Nutzer sehen können. Das ist in der Regel nicht viel, sogar das Bild wird nicht angezeigt (es sei denn, Sie wollen das).

- *Nur für Kontakte* ist die Ansicht, die Ihre bestätigten Kontakte bekommen, wenn sie Ihre Profildetails abrufen.

- Unter *Bearbeiten* können Sie dann Ihr Profil wieder komplett einsehen und bearbeiten.

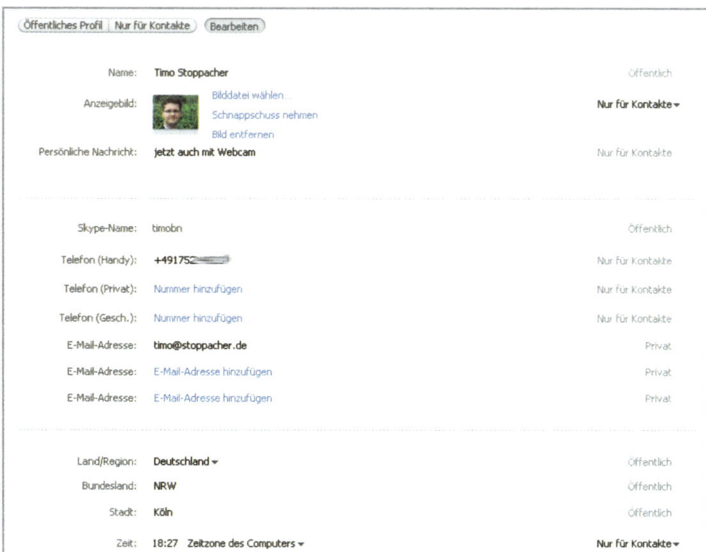

Was man preisgeben möchte

Natürlich bleibt es Ihnen selbst überlassen, was Sie anderen Skype-Nutzern über sich verraten wollen. Wenn Sie Skype geschäftlich nutzen wollen, sollten die Informationen und das Bild seriös sein. Ansonsten gilt wie überall im Internet, dass Sie sich gut überlegen sollten, wie viel Sie von sich preisgeben.

Mit DEM nie wieder – Skype-Kontakte blockieren

Wie im realen Leben gibt es auch im Internet Menschen, mit denen man nichts (mehr) zu tun haben möchte. Damit diese Menschen Ihnen nicht unnötig über Skype den Tag vermiesen, können Sie sie blockieren.

1 Wählen Sie in der Kontaktliste den Kontakt, den Sie blockieren möchten, mit der rechten Maustaste und klicken Sie auf *Blockieren*.

2 Sie können entscheiden, ob Sie den Kontakt weiterhin in Ihrer Liste lassen möchten oder ihn auch *Aus Ihrer Kontaktliste entfernen* wollen. Wenn Sie ihn in der Liste lassen, wird durch ein Verbotssymbol gezeigt, dass dieser Kontakt blockiert ist.

3 Einen *Missbrauch melden* sollten Sie nur, wenn Sie gewerbsmäßigen Betrug oder Ähnliches vermuten. Skype prüft dann, inwieweit der Nutzer anderweitig auffällig geworden ist und sperrt im Idealfall das Konto des Unholds.

Sie können jemanden wieder aus der Verbannung befreien. Gehen Sie dazu über *Skype/Privatsphäre/Blockierte Kontakte*. Wählen Sie dann den blockierten Kontakt aus und klicken Sie auf den Button *Diesen Kontakt freigeben*.

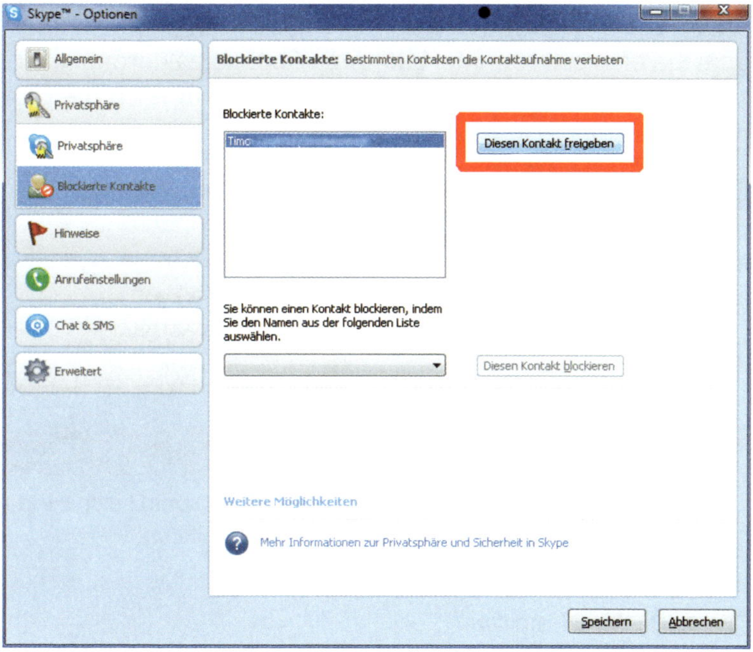

Mit diesem Button heben Sie die Blockade wieder auf.

So kommen Sie schneller zum Gespräch – Skype Click-to-Call

Eine nützliche Ergänzung zur Skype-Software ist Click-to-Call. Das Browser-Plug-in ist bisher nur für Windows verfügbar, arbeitet dort aber mit Microsoft Internet Explorer, Mozilla Firefox und Google Chrome zusammen. Das Plug-in erkennt Telefonnummern auf Webseiten automatisch und wandelt diese in einen Button um. Wenn Sie in diesem Button dann auf die Nummer klicken, wird sie in Skype gewählt.

Im linken Teil des Buttons sehen Sie die Flagge des Landes, dem Skype diese Nummer zuordnet. Sollte die Zuordnung einmal nicht stimmen, können Sie vor dem Anruf noch die Ländervorwahl ändern.

Ein Klick auf die Flagge zeigt noch weitere Optionen. Sie können die Nummer direkt als SkypeOut-Kontakt speichern oder in die Zwischenablage kopieren.

Click-to-Call und Click-and-Call

Skype nennt selbst beide Varianten, gemeint ist aber das Gleiche. Die Funktion war übrigens früher als Skype-Toolbar bekannt.

Click-to-Call nachinstallieren

Normalerweise wird Click-to-Call bei der Installation von Skype gleich mitinstalliert. Sollte das bei Ihnen nicht der Fall sein und Sie die Funktion aber nutzen wollen, können Sie Click-to-Call auch nachträglich herunterladen. Laden Sie das Programm von der Skype-Webseite *www.skype.de*. Wählen Sie *Skype herunterladen/Sonstige Downloads* und scrollen Sie zu *Sonstige Downloads*. Links finden Sie den Link zu *Click-and-Call-Schaltflächen*, da geht es zum Download.

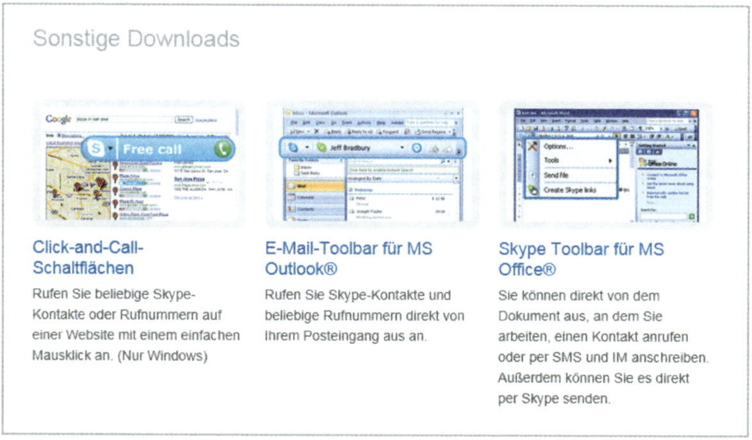

Skype bietet auf der Webseite weiterer Tools an, mit denen Sie schneller aus anderen Programmen heraus Skype-Anrufe starten können.

Weitere Toolbars zum schnelleren Skpen einrichten

Neben Click-to-Call gibt es auf der gleichen Webseite noch zwei weitere Tools, die Sie schneller skypen lassen: Die E-Mail Toolbar für Microsoft Outlook und die Office Toolbar für Microsoft Office (jeweils nur für Windows). Diese beiden Programme machen genau das gleiche wie Click-to-Call im Webbrowser: Telefonnummern identifizieren und per Klick in Skype wählen.

Bald mehr von Skype

Da Skype just von Microsoft gekauft wurde, können Sie davon ausgehen, dass in Zukunft die Integration in die Microsoft-Produkte wesentlich stärker vorangetrieben wird. Daher werden die vorgestellten Toolbars sicherlich bald mehr Funktionen haben.

Die E-Mail Toolbar beispielsweise bietet Ihnen an, Ihr Outlook-Adressbuch mit Skype abzugleichen (genau wie Skype selbst auch), kann aber auch nachträglich noch zu jeder E-Mail-Adresse den Skype-Kontakt suchen.

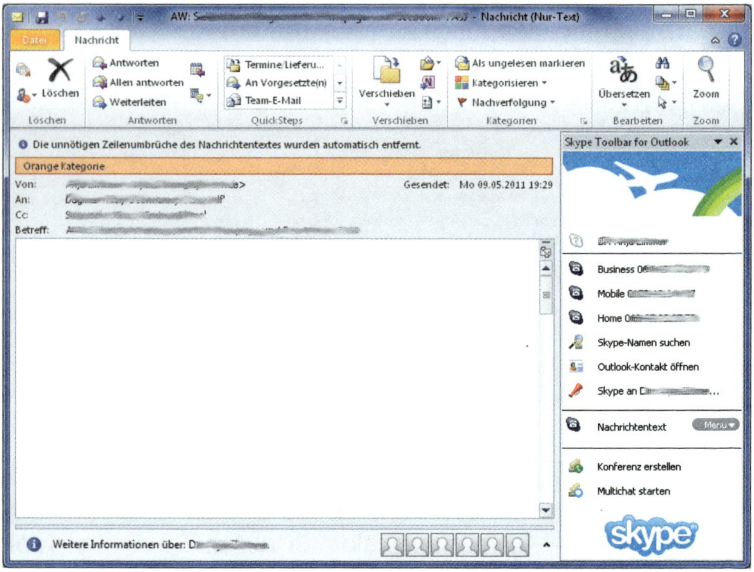

Es geht noch besser: alternative Skype-Bedienoberfläche nutzen

Skype und andere Chatprogramme – das funktioniert wunderbar, solange es nur darum geht, Kontakte zu importieren. Wenn man Skype mit einem Multi-Messenger nutzen möchte, geht das nur über die Skype-Software selbst. Diese wird dann im Hintergrund geladen und verwaltet auch den Zugang.

Ein solcher Multi-Messenger zum Beispiel ist Trillian. Wenn Sie Trillian nutzen, können Sie Kontakt zu so ziemlich jedem Instant Messenger-Dienst halten, den das Internet bisher hervorgebracht hat. Unter anderem sind Astra, AIM, Google Talk,

ICQ, XMPP, Windows Live Messenger, Yahoo! Messenger und IRC-Chats möglich. Sie können twittern, Facebook oder LinkedIn nutzen und vieles mehr.

Trillian zeichnet sich durch eine sehr übersichtliche Benutzeroberfläche aus. Jedoch: Wenn Sie aus Trillian heraus einen Skype-Kontakt anchatten oder anrufen, startet Skype im Hintergrund immer mit und öffnet auch die entsprechenden Fenster (Konversationen etc.).

Sie können Trillian auf der offiziellen Seite *www.trillian.im* herunterladen. Eine inoffizielle deutsche Seite (die aber vom Hersteller unterstützt wird) ist *www.trillian-deutsch.de*. Das Programm selbst lässt sich nach der Installation ebenfalls auf Deutsch umstellen.

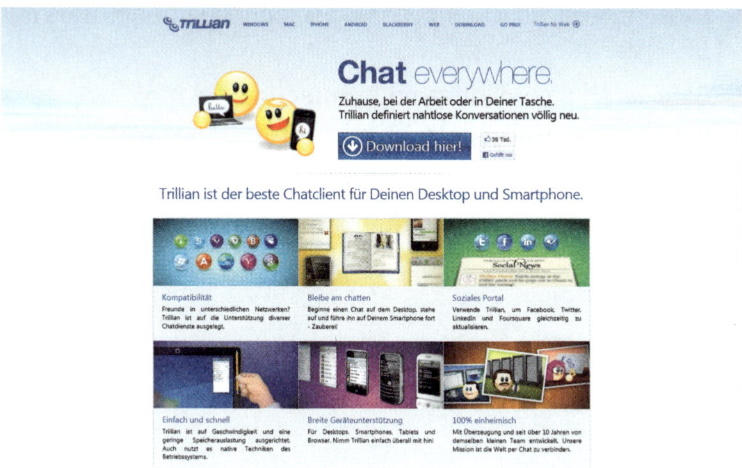

Der Schnell-Überblick

- Nichts gehört? Prüfen Sie zunächst die Stecker Ihrer Geräte und die Audio-Einstellungen Ihres Computers.
- Finden Sie Ihre Kontakte aus dem E-Mail-Adressbuch oder aus Social Networks schnell und einfach bei Skype wieder, indem Sie Skype die Adressbücher auslesen lassen.
- Laden Sie weitere Kontakte zu Skype ein, die Software erledigt das mit wenigen Klicks.
- Mit mehreren Skype-Kontakten auf einmal sprechen – kein Problem im Konferenzgespräch. Theoretisch können Sie mit bis zu 25 Personen auf einmal skypen.
- Das ganz besondere Skypen: Sehen Sie Ihre Liebsten oder Ihre Geschäftspartner bei einem Videoanruf. So wird Kommunikation viel persönlicher.
- Chatten Sie mit Ihren Freunden bei Facebook direkt aus Skype heraus.
- Lassen Sie sich nicht stören und setzen Sie Ihren Status auf *Beschäftigt*.
- Blockieren Sie unliebsame Anrufer.
- Die Skype-Software ist Ihnen zu überladen? Nutzen Sie Trillian als alternative Benutzeroberfläche.

4. Skype kann noch mehr – die Dienste von Skype effektiv einsetzen

Spätestens mit dem Übergang von Skype ins Telefonnetz ergeben sich viele neue Anwendungsmöglichkeiten. Mit Skype können Sie zu teilweise sehr günstigen Tarifen mit normalen Festnetz- oder Mobilanschlüssen telefonieren. Und umgekehrt sind Sie auch aus dem Telefonnetz erreichbar. Wie das geht, sehen Sie in diesem Kapitel.

Bestätigungsemails und Spamfilter

Für viele der hier vorgestellten Dienste schickt Skype Ihnen E-Mails zur Bestätigung. Diese sind fast alle in Englisch und bleiben daher oft in Spamfiltern hängen. Wenn Sie also stundenlang auf eine E-Mail von Skype warten, schauen Sie zunächst im Spamordner nach.

Nie (mehr) zu viel zahlen – die Skype-Tarife und Abos im Überblick

Vieles bei Skype ist kostenlos, aber eben nicht alles. Denn wie jedes Unternehmen muss auch Skype (offiziell *Skype Software S.à.r.l.* und *Skype Communications S.à.r.l*, beide mit Sitz in Luxemburg) Geld verdienen.

Wie verdient Skype denn nun Geld, wenn die Software, das Skype-Konto und auch das Skypen selbst kostenlos sind? Mit vielen weiteren Funktionen, die kostenpflichtig, dabei aber immer noch vergleichsweise günstig sind. Schon ein Jahr nach der Gründung im Jahr 2003 wurde der Dienst SkypeOut angeboten. Damit sind Telefonate zu sehr günstigen Tarifen möglich (weitere Infos zu SkypeOut und den anderen Diensten auch in den folgenden Kapiteln). Um diese Funktionen nutzen zu können, müssen Sie Ihr Skype-Konto zunächst mit Guthaben aufladen (mehr dazu auf Seite 68).

Die Skype-Minutenpreise

Mit SkypeOut können Sie von Ihrem PC aus ein Telefon in einem Fest- oder Mobilfunknetz in beinahe jedem Land der Erde anrufen. So kostet die Minute in das Festnetz vieler Länder Europas, Australiens oder der USA nur 1,9 Cent. Telefonate zu Handys sind in der Regel für 20 Cent pro Minute möglich (Stand Juli 2011). Auf der Skype-Webseite finden Sie unter *Preise* die Tarifauskunft für die aktuellen Tarife in jedes Land. Bitte beachten Sie: Zu jedem SkypeOut-Telefonat kommt noch eine Verbindungsgebühr von 4 Cent hinzu.

Skype im Abo

Mittlerweile sind die Minutenpreise nicht mehr das einzige Angebot bei SkypeOut: Sie können für einen monatlichen Pauschalbetrag Abonnements abschließen. Es gibt Minutenpakete und Flatrates. Das kann interessant sein, wenn Sie viel in ein bestimmtes Land telefonieren. Ein Beispiel für die USA (Stand Juni 2011):

Ein 60-Minutenpaket kostet 0,89 Euro. 60 Minuten zum regulären SkypeOut-Tarif würden dagegen 1,14 Euro kosten. Das sind schon über 20 Prozent Ersparnis. Außerdem entfällt bei den Abonnements die Verbindungsgebühr. Skype selbst wirbt mit einer maximalen Ersparnis von bis zu 60 Prozent mit einem Minutenpaket.

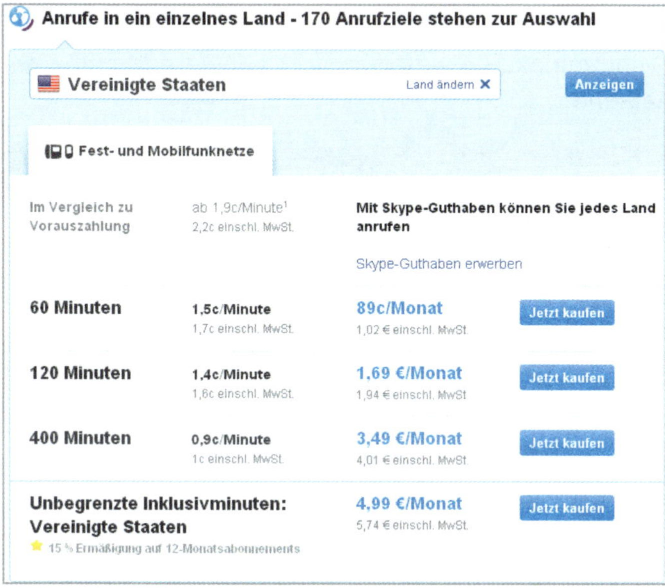

Die USA-Flatrate bekommen Sie für 4,99 Euro im Monat. Darin sind unbegrenzte Anrufe in die Vereinigten Staaten von Amerika enthalten. Wie bei vielen Flatrates gibt es auch hier das Kleingedruckte: die „Fair Usage"-Richtlinien von Skype gehen davon aus, dass Sie nicht mehr als 10.000 Minuten pro Monat in die USA telefonieren. Das entspricht ca. 166 Stunden und damit fast einer ganzen Woche nonstop telefonieren! Mit dieser Regelung möchte Skype verhindern, dass das Angebot im großen Stil gewerblich genutzt wird.

Abonnements – das sollten Sie noch wissen

- Manche Abonnements haben eine Mindestvertragslaufzeit von 3 Monaten.
- Bei Abschluss eines 12 Monate-Abonnements bekommen Sie oft einen 15-prozentigen Nachlass auf den Monatspreis.
- In einigen Ländern sind Anrufe in Mobilfunknetze im Preis enthalten.
- Bei Minutenpaketen verfallen nicht genutzte Minuten am Monatsende.

Brutto oder netto – die Mehrwertsteuer

Etwas verwirrend mag auf der Webseite die Angabe von Preisen mit und ohne Mehrwehrsteuer sein. Denn zum einen handelt es sich hier nicht um die deutsche Mehrwehrsteuer (19 %), sondern um die luxemburgische (15 %). Zum anderen zahlen Sie die Mehrwertsteuer bereits beim Kauf des Guthabens (siehe nächster Abschnitt).

Bei Skype bezahlen – so geht's einfach und sicher

Nun wollen Sie eine Skype-Funktion nutzen, die etwas kostet, zum Beispiel mit SkypeOut einen Anschluss irgendwo auf der Welt anrufen. Laden Sie dazu Ihr Skype-Konto auf. Das geht sowohl über die Skype-Webseite, die Software am Computer und über die Smartphone-Apps.

Der Vorgang ist immer gleich, weshalb hier der Kauf auf der Webseite gezeigt wird.

1 Falls noch nicht geschehen, melden Sie sich zunächst mit Ihrem Skype-Konto auf *www.skype.de* an.

2 Skype macht es Ihnen leicht: Die Funktion *Mehr Guthaben erwerben* finden Sie auf Ihrer persönlichen Startseite gleich dreimal!

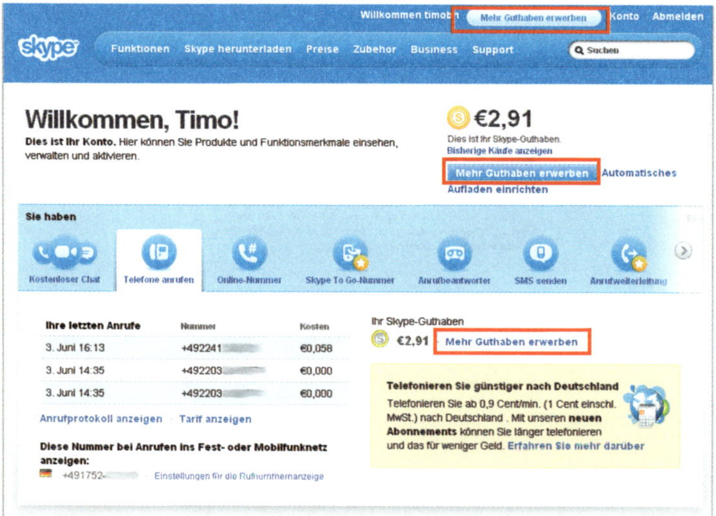

Gleich dreimal „versteckt" sich auf der Kontoübersicht die Aufforderung: Mehr Guthaben erwerben.

3 Es gibt nur zwei Beträge zum Aufladen: 10 oder 25 Euro. Das ist der Betrag, der Ihnen auf Ihr Skype-Konto gebucht wird und den Sie nutzen können. Leider hält hier das Finanzamt die Hand auf, in diesem Fall das in Luxemburg. Zum gewählten Betrag kommt noch die dortige Mehrwertsteuer i. H. v. 15 Prozent hinzu. Sie zahlen also 11,50 Euro bzw. 28,75 Euro. Das gilt nicht, wenn Sie in der Schweiz oder in einem anderen Land außerhalb der Europäischen Union leben.

Als Unternehmer können Sie durch die Angabe Ihrer Umsatzsteuer-Identifikationsnummer ebenfalls die Mehrwertsteuer sparen.

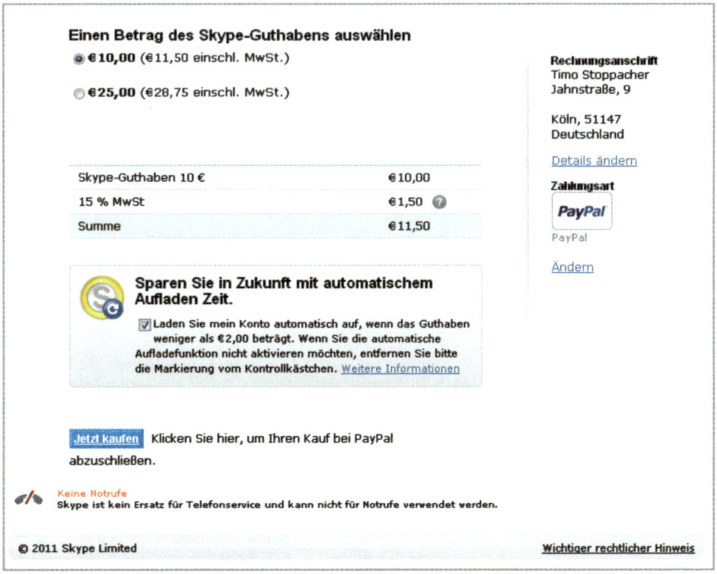

Das Guthaben kann verfallen – retten Sie es

Ihr Skype-Guthaben bleibt nach der letzten Benutzung 180 Tage gültig, danach verfällt es. Laden Sie also am 1. Januar eines Jahres 10 Euro auf und verbrauchen davon nur 5 Euro, sind die restlichen 5 Euro Mitte des Jahres verfallen.

Sie können Ihr Guthaben retten: Sie brauchen nur einen kurzen Anruf über SkypeOut zu machen oder eine SMS zu verschicken, schon laufen die 180 Tage erneut. Gleiches gilt, wenn Sie neues Guthaben kaufen. Skype weist Sie noch mal rechtzeitig auf diesen Umstand hin.

Wie möchten Sie zahlen?

Für den Einstieg reichen 10 Euro Guthaben bestimmt – aber wie möchten Sie zahlen? Zur Auswahl steht mittlerweile fast jede Zahlungsmethode außer Bargeld. Eine Übersicht finden Sie auf der Webseite im Menü *Preise/Zahlungsmöglichkeiten*.

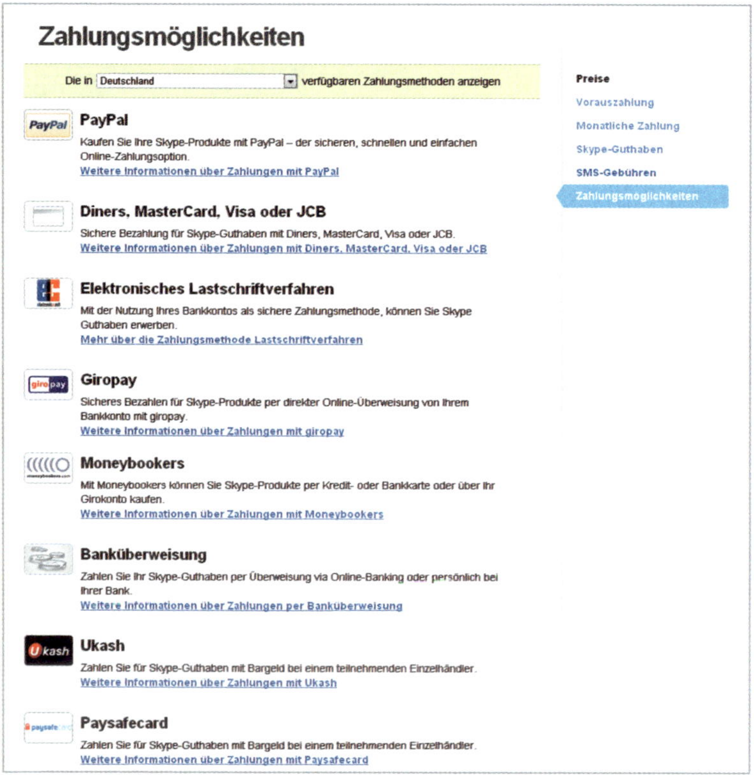

Standardmäßig möchte Skype die Zahlung über eine Kreditkarte abwickeln. Mit *Ändern* unter *Zahlungsart* auf der rechten Seite haben Sie weitere Möglichkeiten. So steht Ihnen die Zahlung zum Beispiel über PayPal, per Lastschrifteinzug, über giropay oder mit paysafe zur Verfügung. Das Guthaben wird nach der Transaktion sofort freigeschaltet.

Wenn Sie keine der genannten Möglichkeiten nutzen wollen oder können, gibt es auch noch die Banküberweisung. Hier wird das Guthaben jedoch erst freigeschaltet, wenn das Geld bei Skype eingetroffen ist. Das kann mehrere Tage dauern.

Hier eine Übersicht der Zahlungsmethoden:

Zahlungsmethode	Beschreibung	möglich in		
		D	A	CH
PayPal	Der Betrag wird von Ihrem PayPal-Konto abgebucht. Sie müssen keine weiteren Zahlungsdaten bei Skype hinterlegen.	X	X	X
Kreditkarte	Der Betrag wird direkt von Ihrer Kreditkarte abgebucht. Möglich ist das mit Visa, Mastercard oder Diners.	X	X	X
Elektronisches Lastschriftverfahren (Bankeinzug)	Der Betrag wird von Ihrem Bankkonto abgebucht.	X		
Giropay	Nutzt das Onlinebanking Ihrer Bank. Möglich bei den meistens Volks- und Raiffeisenbanken, Sparkassen sowie der Postbank.	X		
Moneybookers	Ist ein Dienst, der im Prinzip Überweisungen per E-Mail ermöglicht. Dort können Sie wiederum mit verschiedenen Zahlungsmitteln zahlen.	X	X	X
Banküberweisung	Zahlen Sie Geld an Skype mit einer Banküberweisung. Das Guthaben kommt jedoch auf Ihr Skype-Konto, wenn die Überweisung bei Skype eingegangen ist. Das kann mehrere Tage dauern.	X	X	X
Ukash	Sind im Prinzip Gutscheine, die Sie im Laden kaufen können und dann für verschiedene Dienstleistungen im Internet einlösen können.	X	X	X
Paysafecard	Siehe Ukash.	X	X	

So wird das Skype-Konto nie leer

Was sich zunächst nach einer wundersamen Geldvermehrung anhört, ist ein kleiner Trick von Skype, um konstant Geld einzunehmen.

Die Funktion *Sparen Sie in Zukunft mit automatischem Aufladen Zeit* bucht immer, wenn Ihr Skype-Konto weniger als 2 Euro Guthaben aufweist, den letzten gekauften Betrag (also 10 oder 25 Euro) erneut ab. Das aber nur, wenn Sie mit Kreditkarte oder PayPal bezahlt haben. Wenn Sie den Haken entfernen, ist diese Funktion abgeschaltet.

Entfernen Sie den Haken, wenn sich Ihr Skype-Konto nicht von selbst aufladen soll.

Diese Funktion ist sicherlich praktisch, wenn Sie ein Vielnutzer sind und sich nicht immer selbst um das Aufladen kümmern möchten. Als Wenignutzer haben Sie irgendwann mal eine Abbuchung und ärgern sich vielleicht, dass Sie wieder Geld ausgegeben haben, für etwas, was Sie eigentlich kaum nutzen.

So sehen andere, wer anruft – meine Nummer als Anruferkennung

Was waren das noch für Zeiten, als man nicht schon beim Klingeln sehen konnte, wer anruft. Heute hat sich das ins Gegenteil verkehrt: Wer ohne Rufnummernanzeige anruft, riskiert, dass sein Anruf nicht beantwortet wird. Denn nur noch die wenigsten Telefonanschlüsse übermitteln die Rufnummer nicht mehr. Skype-Anrufe werden standardmäßig ohne Rufnummer übermittelt, doch das können Sie ändern.

Jede Handynummer lässt sich für die Rufnummernanzeige einrichten. Das muss nicht unbedingt eine Nummer aus Ihrem Herkunftsland sein. Wichtig ist nur, dass Sie das Handy, dessen Nummer Sie verwenden wollen, bei sich haben. Um eine Nummer einzurichten, müssen Sie außerdem Guthaben auf Ihrem Skype-Konto haben. Die Einrichtung der Nummer verbraucht zwei SMS.

1 Gehen Sie auf der Skype-Webseite auf Ihre Konto-Übersicht. Im Reiter *Telefone anrufen* finden Sie unter dem Protokoll der letzten Gespräche den Link *Mit der Rufnummernanzeige ...*

2 Auf der nächsten Seite können Sie nun Ihre Handynummer eingeben. Wählen Sie zunächst das Land und geben Sie dahinter die Nummer mit der Vorwahl ohne die 0 an, also z. B.:

3 Wählen Sie *Nummer bestätigen* und Sie erhalten eine SMS mit einem Bestätigungscode, den Sie wiederum auf der Skype-Webseite eingeben. Mit einer weiteren SMS wird Ihnen die Einrichtung bestätigt. Laut Skype kann es bis zu 24 Stunden dauern, bis die neue Nummer bei Anrufen angezeigt wird. Normalerweise klappt es aber sofort bzw. in wenigen Minuten.

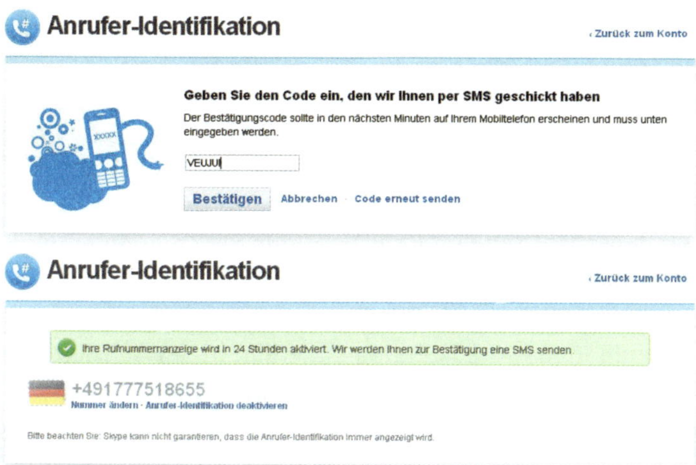

Sie können die Übermittlung der Rufnummer später auch wieder abschalten und erneut aktivieren. Klicken Sie dazu in der Kontoübersicht auf *Einstellungen für die Rufnummernanzeige*.

Unterschiedliche Nummern für Anrufe und SMS

In Kapitel 3 haben Sie gesehen, wie Sie am PC bequem mit Skype SMS schreiben können (Seite 35). Auch dafür können Sie eine Handynummer als SMS-Absender eintragen. Die Rufnummernanzeige läuft aber separat.

Immer erreichbar 1: eine Festnetznummer für den Skype-Account beantragen und nutzen

In zwei Dutzend Ländern (Stand Juli 2011) können Sie eine echte Telefonnummer für Ihr Skype-Konto beantragen, die Onlinenummer. Deutschland und die Schweiz gehören zu diesen Ländern, Österreich derzeit nicht. Derzeit kostet eine Onlinenummer 15 Euro für drei Monate bzw. 50 Euro für ein Jahr.

Rabatt für Abonnenten

Weiter oben wurden die Skype-Abonnements (Flatrates) vorgestellt: Wenn Sie ein Abonnement abgeschlossen haben, gibt es bis zu 50 % Rabatt auf den Preis der Onlinenummer.

In jedem Land gelten für die Zuteilung der Onlinenummer eigene Regeln. Um diese Nummer zu beantragen, müssen Sie meistens Ihren Wohnsitz im jeweiligen Land haben. In Deutschland bekommen Sie eine Nummer zugeteilt, in der Schweiz können Sie sich eine Nummer (aus einem Pool) aussuchen. Die Zuteilung der Nummer kann außerdem ein paar Tage dauern, wenn Sie die Nummer für ein Land beantragen, in dem ein Wohnsitznachweis erforderlich ist. In Deutschland wird die Nummer in der Regel nach wenigen Minuten zugeteilt.

Der Vorteil der Onlinenummer: Sie sind immer unter derselben Nummer erreichbar. Egal, ob Sie gerade zu Hause oder im Büro am PC sitzen, mit dem Laptop oder im Internetcafé unter Palmen oder sonst wo. Alle Anrufe, die unter Ihrer Onlinenummer eingehen, werden zu Ihrem Skype-Client durchgestellt.

Sind Sie mal nicht über Skype erreichbar, können Sie die Anrufe auch wieder an einen beliebigen Telefonanschluss oder zum Skype-Anrufbeantworter umleiten lassen. Mehr dazu in diesem Kapitel auf Seite 81 und Seite 85.

1 Wählen Sie auf der Skype-Webseite in der Kontoübersicht den Reiter *Online-Nummer* und dann *Eine Online-Nummer kaufen*.

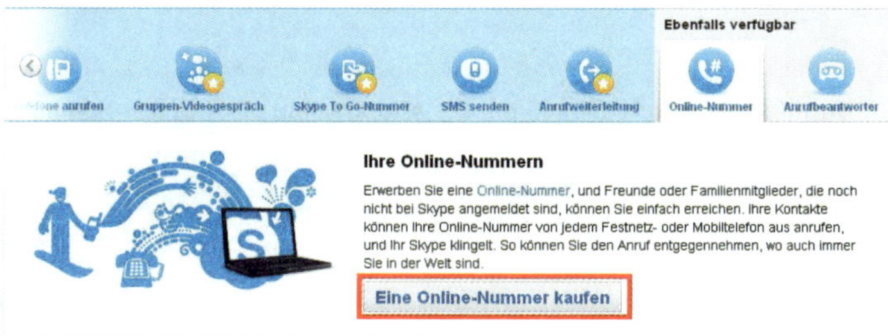

2 Wählen Sie nun Ihr Land (im Beispiel Deutschland). Ihnen werden die Bedingungen für die Onlinenummer im jeweiligen Land angezeigt.

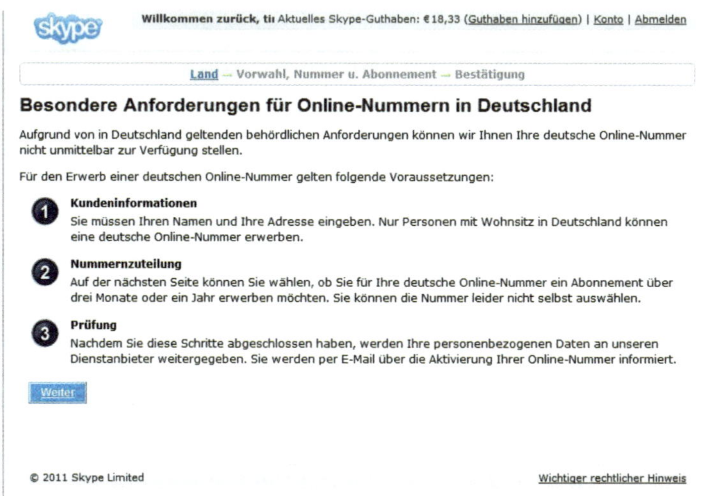

3 Im nächsten Schritt müssen Sie Ihre persönlichen Informationen eingeben. Wenn Sie für Ihr Skype-Konto bereits Ihre Adresse eingegeben haben, können Sie diese direkt übernehmen. Der Button dazu heißt *Benutzen Sie*. Setzen Sie die beiden Häkchen und klicken Sie auf *Weiter*.

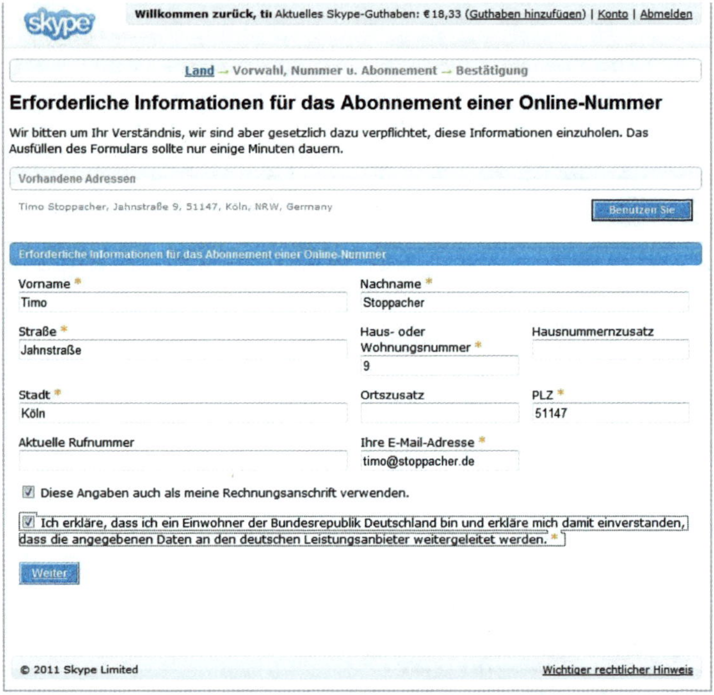

4 Jetzt können Sie entscheiden, ob Sie die Onlinenummer für drei Monate oder für ein Jahr kaufen möchten. Bezahlt wird die Nummer aus Ihrem Skype-Guthaben. Alternativ können Sie die *Zahlungsart ändern* und auch mit Kreditkarte, PayPal etc. bezahlen. Klicken Sie auf *Weiter*. Sie müssen auf der nächsten Seite noch einmal den *Einkauf bestätigen*.

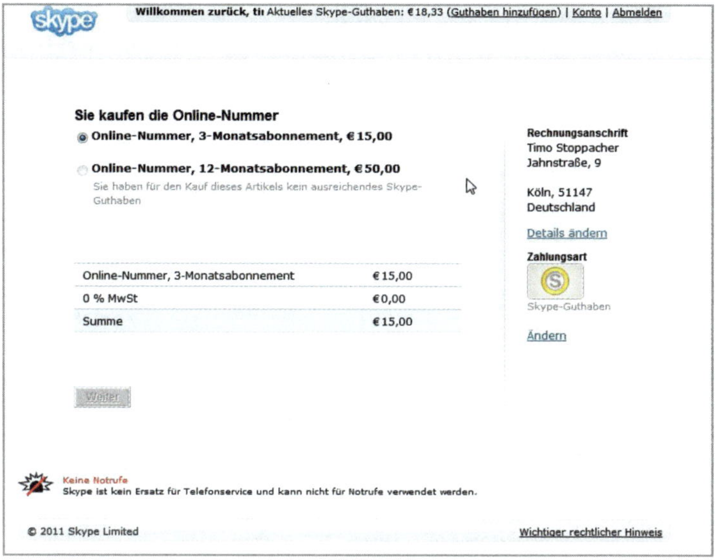

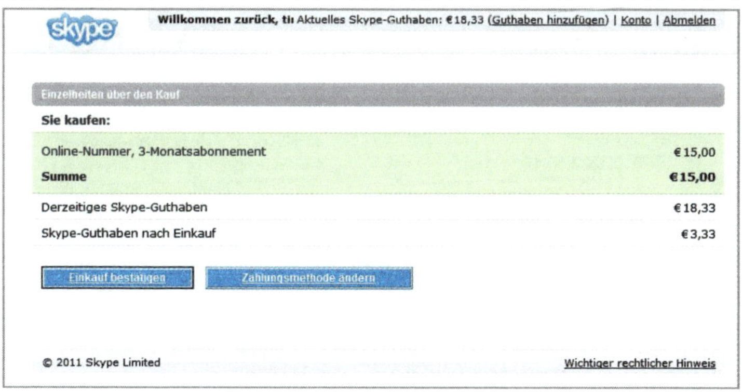

5 Als Nächstes sehen Sie die Auftragsbestätigung und müssen warten, bis Ihnen die Nummer zugeteilt wird. Sie werden darüber per E-Mail und in der Skype-Software informiert. Ihre neue Nummer finden Sie in der Kontoübersicht im Reiter *Online-Nummer* (der jetzt weiter nach links gerückt ist). Dort sehen Sie auch, wie lange die Nummer gültig ist.

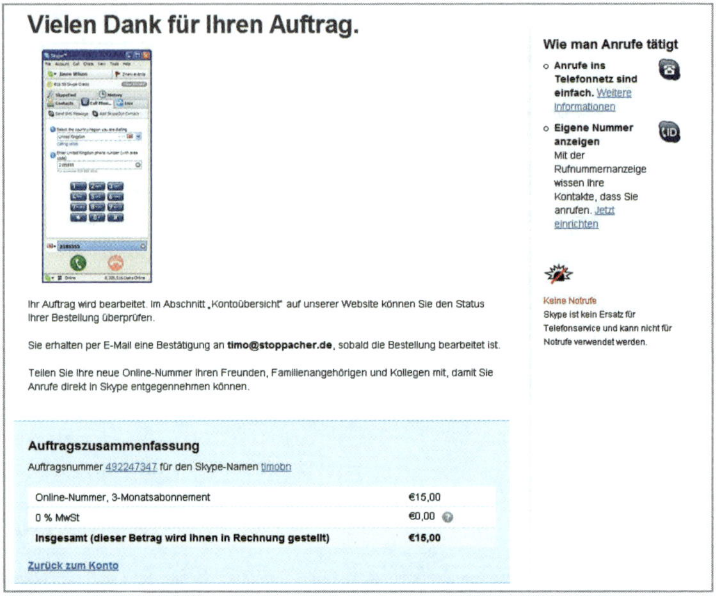

6 Sobald Ihre Onlinenummer aktiviert ist, können Sie Anrufe am Computer oder am mobilen Endgerät entgegennehmen. Wenn Sie nicht online sind, erledigt das für Sie der Skype-Anrufbeantworter (siehe Seite 81).

Die Onlinenummer für die Anruferkennung nutzen?

Wenn man schon eine Skype-Onlinenummer hat, wäre es doch praktisch, diese auch für die Anruferkennung zu nutzen. Das ist von Skype zwar so vorgesehen, in Deutschland oder der Schweiz derzeit aber nicht möglich (auch wenn die Webseite teilweise etwas anderes suggeriert).

Immer erreichbar 2: den Skype-Anrufbeantworter effektiv einsetzen

Man ist ja nicht den ganzen Tag online und demzufolge auch nicht immer über Skype zu erreichen. Sofortnachrichten werden Ihnen zwar nach dem nächsten Anmelden zugestellt, aber mit Anrufen geht das nicht. Es sei denn, Sie nutzen den Skype-Anrufbeantworter. Mit ihm verpassen Sie keinen Anruf mehr. Diesen Service lässt Skype sich jedoch extra bezahlen: Er kostet 5 Euro für drei Monate oder 15 Euro für ein Jahr.

Kostenlos für Abonnenten

Wenn Sie ein Skype-Abonnement abgeschlossen haben oder im Besitz einer Onlinenummer sind, können Sie den Anrufbeantworter kostenlos nutzen. Er wird automatisch aktiviert.

Den Skype-Anrufbeantworter bestellen

1 Um den Anrufbeantworter erstmalig zu bestellen, gehen Sie auf der Skype-Webseite zunächst in Ihrer Kontoübersicht auf den Reiter *Anrufbeantworter*.

2 Wenn Sie den Anrufbeantworter separat (also ohne Abonnement oder Onlinenummer, siehe Kasten oben) nutzen möchten, klicken Sie auf *Voicemail separat erwerben*.

3 Jetzt wählen Sie, ob Sie den Dienst drei Monate oder ein Jahr nutzen möchten (für 5 bzw. 15 Euro).

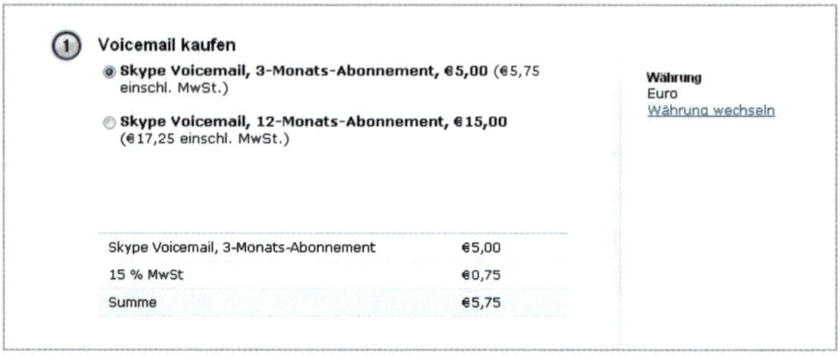

4 Sie können den Anrufbeantworter aus Ihrem Guthaben bezahlen oder eine neue Abbuchung zum Beispiel von Ihrer Kreditkarte veranlassen. Klicken Sie dazu auf *Zahlungsart ändern*.

5 Sobald die Zahlung abgeschlossen ist, steht Ihnen der Anrufbeantworter zur Verfügung. Sie müssen ihn aber noch einrichten und aktivieren. Das wiederum geschieht in der Skype-Software.

So machen Sie den Anrufbeantworter zu „Ihrem" AB

1 Generell wird Ihrem Anrufer zunächst eine Standardansage in Englisch vorgespielt. Diese können Sie aber gegen Ihre persönliche austauschen. Das geht in der Skype-Software am Computer unter *Aktionen/Optionen/Anrufeinstellungen/Anrufbeantworter*.

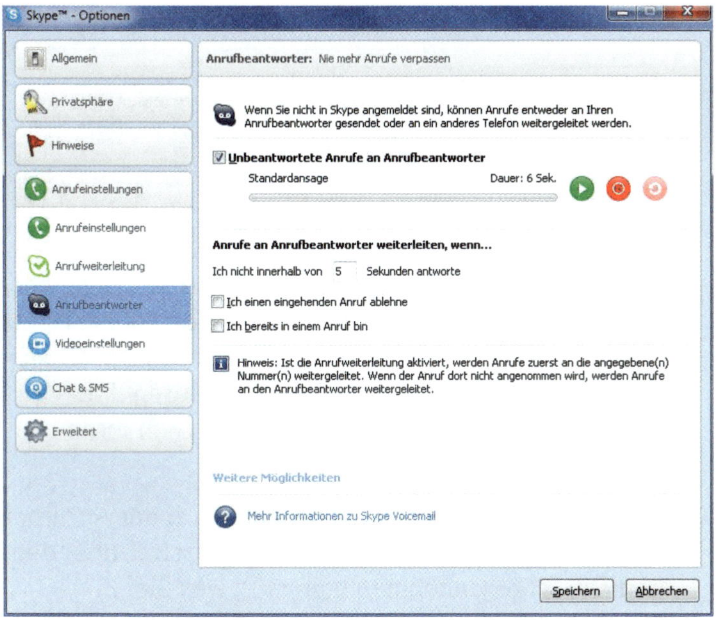

2 Drücken Sie den roten Aufnahmebutton und nehmen Sie Ihre persönliche Ansage auf. Sie können die Ansage jederzeit neu aufnehmen oder mit dem Button zur Standardansage zurückkehren.

3 Ebenfalls in diesem Fenster stellen Sie ein, wann der Anrufbeantworter seinen Dienst tun soll. Wenn Sie den Anrufbeantworter zu Ihrer Onlinenummer dazu bekommen haben,

nimmt er automatisch Anrufe aus dem Telefonnetz entgegen, wenn diese nicht zu Ihnen zugestellt werden können. Anrufe von anderen Skype-Nutzern werden hingegen nicht automatisch entgegengenommen.

4 Gleiches gilt, wenn Sie ihn separat aktiviert haben. Sie müssen erst hier festlegen, dass und welche Anrufe er entgegennehmen soll.

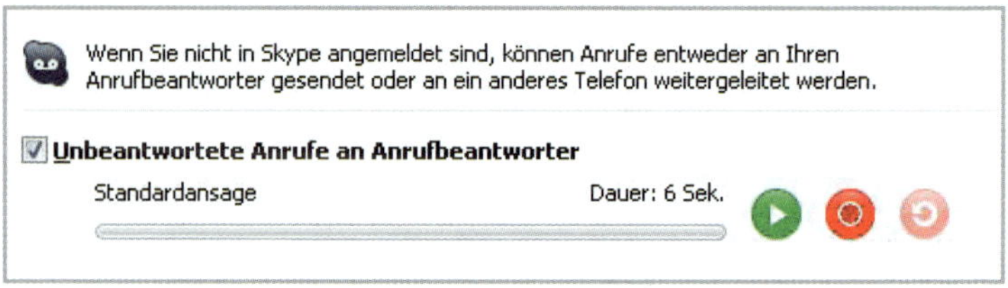

Sollen Anrufe von anderen Skype-Nutzern entgegengenommen werden, wenn Sie offline sind, setzen Sie ein Häkchen vor *Unbeantwortete Anrufe an Anrufbeantworter*. Dann können andere Nutzer Sie anskypen und werden direkt an den Anrufbeantworter geleitet. Das wird auch in Ihrem Onlinestatus so angezeigt.

5 Die nächsten drei Optionen legen fest, ob der Anrufbeantworter aktiv werden soll, wenn Sie online sind, aber den Anruf nicht entgegennehmen (können), weil Sie …

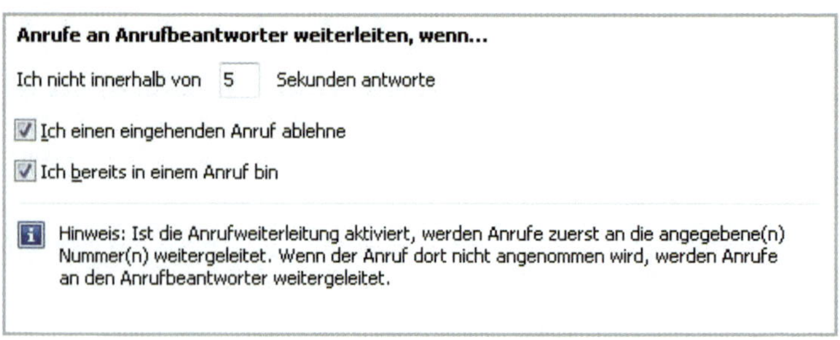

- gerade nicht am Computer sind (*Ich nicht innerhalb von 15 Sekunden antworte*),
- gerade nicht mit dem Anrufer sprechen können oder wollen (*Ich einen eingehenden Anruf ablehne*)
- oder gerade mit jemand anderem skypen (*Ich bereits in einem Anruf bin*).

Immer erreichbar 3: Anrufe von Skype weiterleiten, wenn ich nicht online bin

Bis jetzt wissen Sie, wie Sie aus dem Telefonnetz erreichbar sind oder wie Sie Ihre Anrufe vom Anrufbeantworter entgegennehmen lassen können. Sie können auch Skype-Anrufe oder Anrufe, die über Ihre Onlinenummer kommen, wieder weiterleiten. Das funktioniert zu anderen Skype-Konten oder wieder ins Telefonnetz. Wenn die Anrufweiterleitung aktiviert ist, ändert sich Ihr Onlinestatus. Ihre Skype-Kontakte sehen, dass Sie zwar nicht online sind, aber Ihre Anrufe weitergeleitet werden durch dieses Symbol: 

.

1 Wählen Sie in der Skype-Software am Computer unter *Aktionen/Optionen/Anrufeinstellungen/Anrufweiterleitung* die Option *Wenn nicht erreichbar, Anrufe weiterleiten an:* und geben Sie das Ziel in das Feld darunter sein. Das kann ein anderer Skype-Name oder jede beliebige Telefonnummer sein. Wenn Sie einen Anruf zu einer Telefonnummer weiterleiten, wird dafür der reguläre Skype-Tarif berechnet, so als würden Sie selbst anrufen.

2 Wenn die Funktion aktiviert ist und Sie online sind, werden eingehende Anrufe weitergeleitet, wenn Sie sie nicht schnell genug annehmen. Standardmäßig macht Skype das nach 15 Sekunden, der Wert lässt sich beliebig verändern.

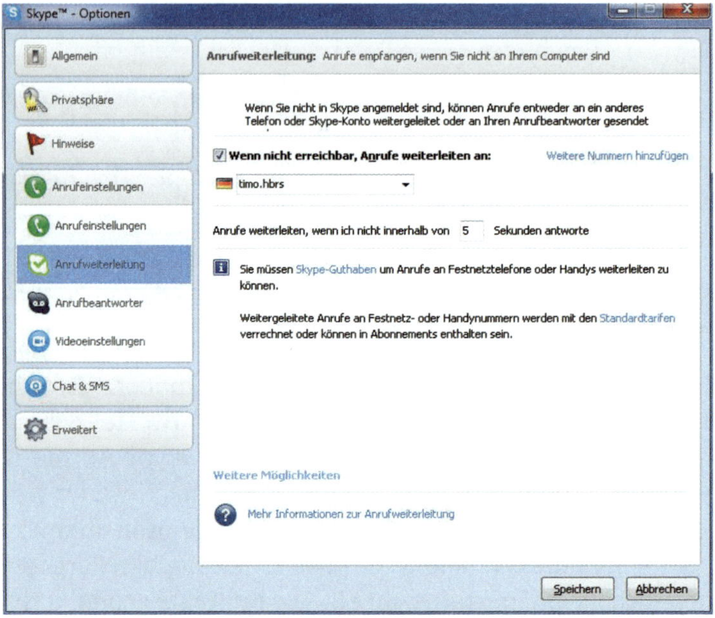

3 Es ist auch möglich, den Anruf an bis zu drei andere Personen auf einmal weiterzuleiten. Wer zuerst abhebt, übernimmt den Anruf dann. Dazu klicken Sie rechts auf *Weitere Nummer hinzufügen* und geben weitere Skype-Namen oder Telefonnummern ein.

4 Übrigens können Sie auch spontan einen eingehenden Anruf weiterleiten. Statt auf *Annehmen* oder *Ablehnen* klicken Sie dazu auf den kleinen Button rechts. Im neuen Fenster

können Sie einen Ihrer Skype-Kontakte wählen, zu dem der Anruf durchgestellt wird, oder eine Telefonnummer eingeben. Wenn Sie den Anruf zu einem anderen Skype-Nutzer durchstellen, können Sie diesem in einer kurzen Nachricht beschreiben, warum er den Anruf übernehmen soll.

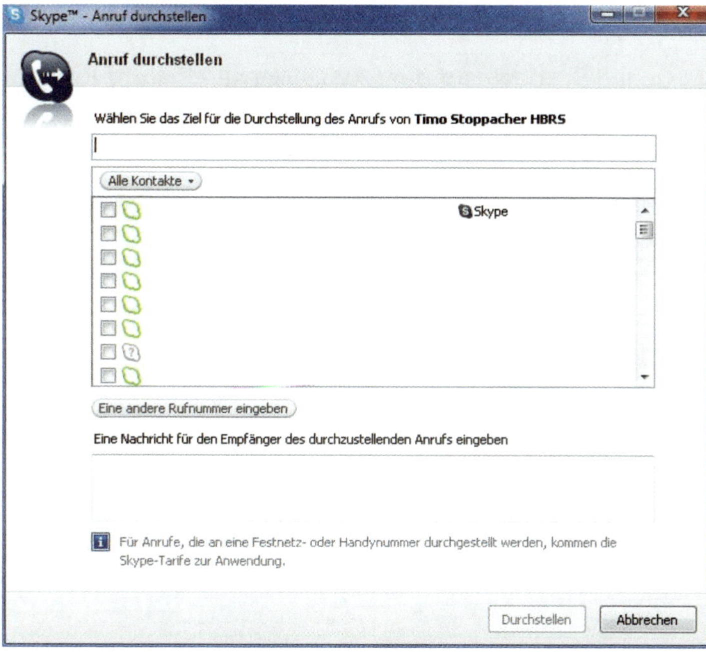

Schnell sein ist die Devise

Mal ganz ehrlich, wie lange warten Sie, wenn Sie jemanden anrufen, bis er abhebt. Da bei Handys meistens nach 30 Sekunden die Mailbox den Anruf übernimmt, ist die Geduldsspanne bei vielen Menschen mittlerweile auf dieses Zeitfenster geschrumpft. Wenn Sie einen Anruf erst manuell zu jemand durchstellen, ist es gut möglich, dass der Anrufer es bis dahin schon längst wieder aufgegeben hat.

So richten Sie die Weiterleitung ohne die Software ein

Sie können die Anrufweiterleitung auch über die Skype-Webseite einrichten. Das ist praktisch, wenn Sie gerade unterwegs sind oder mit einem mobilen Gerät skypen möchten. Denn auf Smartphones können Sie die Anrufweiterleitung zwar ein- oder ausschalten, aber keine Skype-Namen als Ziel festlegen.

1 Gehen Sie dazu auf der Skype-Website in Ihrer Kontoübersicht auf den Reiter *Anrufweiterleitung* und wählen Sie den Button *Anrufweiterleitung einrichten*.

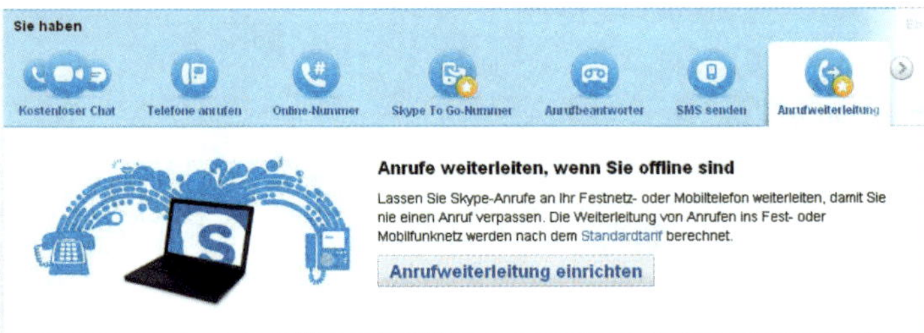

2 Wählen Sie nun das Land aus, in dem sich die Nummer befindet und geben Sie die Nummer ohne 0 ein.

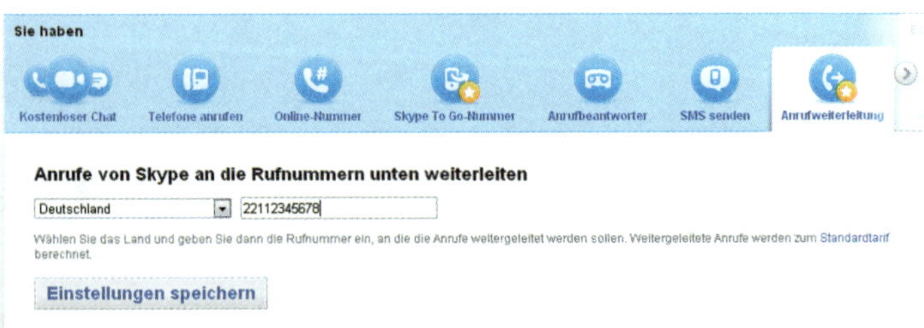

3 Auf den ersten Blick können Sie hier nur Telefonnummern eingeben. Scrollen Sie die Länderliste bis ganz nach unten:

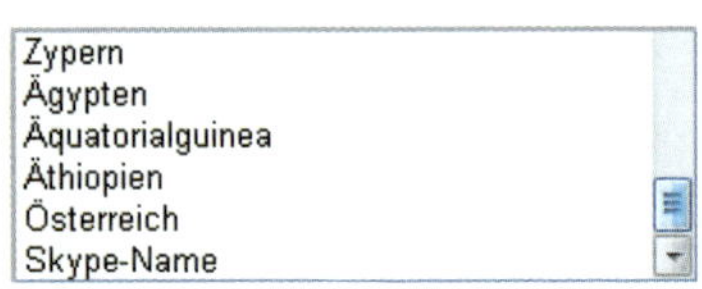

Dort gibt es den Eintrag *Skype-Name*. Und auch Österreich ist wegen des Umlauts ans Ende der Liste gerutscht.

Welche Dienste sind nicht erreichbar?

Skype ist ein Internetdienst wie jeder andere. Und gerade im Zusammenspiel mit anderen Diensten oder Netzen wie dem Telefonnetz kann es da ab und an zu Störungen kommen.

Deshalb ist Skype auch kein vollwertiger Ersatz für ein normales Telefon. Sie können zum Beispiel über Skype nicht den Rettungsdienst 112 erreichen. Und DSL-Leitungen neigen auch mal zum Ausfallen, sodass Sie dann vollkommen ohne Telefon dastehen würden, wenn Sie keinen regulären Telefonanschluss haben (der natürlich auch ausfallen kann).

Auch Skype selbst gibt Auskunft darüber, welche Dienste zurzeit gestört sind. Den sogenannten Heartbeat (zu dt. Herzschlag) finden Sie in der Skype-Software im Menü *Hilfe* oder direkt über *heartbeat.skype.com*.

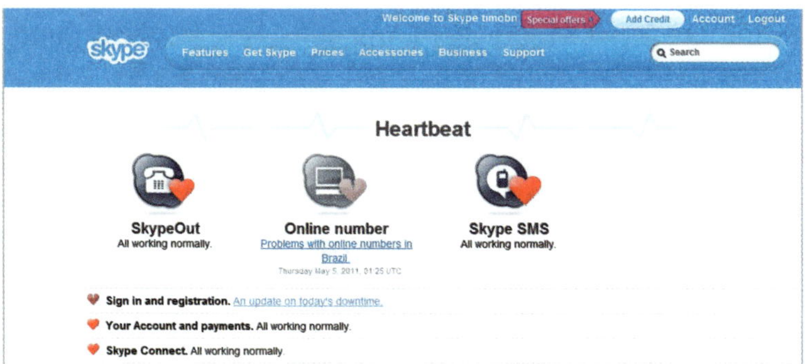

Die Seite ist zwar nur in Englisch verfügbar, aber an den schlagenden Herzen erkennen Sie auch ohne umfangreiche Sprachkenntnisse, dass alles in Ordnung ist, oder dass es Probleme gibt.

Auf dieser Seite finden Sie auch Hinweise zu weiteren Themen bei Skype wie Preisänderungen, Updates etc.

Kleine Unternehmenslösungen: Skype in Ihr Geschäft integrieren

Skype bietet jede Menge Möglichkeiten, Kommunikation zu erleichtern und vor allem günstiger zu machen. Gerade wenn Sie viel mit anderen Ländern zu tun haben oder im Ausland günstig erreichbar sein wollen, ist Skype oft konkurrenzlos.

Warum daher nicht die Vorteile von Skype für ein Unternehmen nutzen? Sie können zum Beispiel ...

- für Ihre Geschäftspartner im Ausland unter einer einheimischen Telefonnummer erreichbar sein (Skype Onlinenummer),
- für Ihre Geschäftspartner unter einer Festnetz- statt unter einer Handynummer erreichbar sein, egal wo Sie gerade sind,
- für Ihre Geschäftspartner ganz persönlich mit Videoanrufen erreichbar sein,
- mit Konferenzgesprächen Reisezeiten und vor allem Reisekosten sparen,
- oder einfach Ihre Erreichbarkeit rund um die Uhr und rund um den Globus sicherstellen.

Auf der Skype-Webseite finden Sie unter *Business* viele weitere Möglichkeiten und Konzepte, um Skype in ein Unternehmen jeglicher Größe zu integrieren.

Für den Anfang reicht gewiss der Skype Manager, mit dem Sie mehrere Skype-Konten für ein Unternehmen verwalten können.

Skype-Dienste, die es bei uns (noch) nicht gibt – aber vielleicht bald

Gesetze und Regelungen sind in jedem Land unterschiedlich. Da macht die Telekommunikation keinen Unterschied. Wie Sie schon bei der Onlinenummer gesehen haben, können Sie in Deutschland keine Nummer beantragen, wenn Sie dort keinen Wohnsitz haben.

Aber wenn Sie in Deutschland wohnen, können Sie ohne Probleme eine schwedische Nummer beantragen, sich die Vorwahl aussuchen und diese Nummer für die Anruferkennung einrichten. Ähnlich sieht es bei anderen Skype-Diensten aus.

Mit Skype To Go auch unterwegs günstig telefonieren

Der Dienst Skype To Go erinnert an das Prinzip der Calling Cards:

1. Sie legen eine Telefonnummer im Ausland fest und bekommen für diese eine Telefonnummer im Inland zugewiesen.
2. Sie rufen dann zum Inlandstarif (bei einer Flatrate eventuell kostenlos) die Skype-To-Go-Nummer an.
3. Skype stellt dann über das Internet die Verbindung zum Anschluss im Ausland her und berechnet Ihnen die entsprechenden Gebühren.

Skype To Go ist derzeit (Juli 2011) in folgenden Ländern verfügbar:

- Australien
- Chile
- Dänemark
- Estland
- Finnland
- Griechenland
- Großbritannien
- Irland
- Kanada
- Litauen
- Neuseeland
- Polen
- Rumänien
- Schweden
- Slowenien
- Südafrika
- Ungarn
- USA

Für Skype To Go registrieren Sie zum einen eine Anruferkennung, zum Beispiel Ihre Handynummer. Wenn Sie vom Handy aus die Skype-To-Go-Nummer anrufen, wird Ihr Anruf dann sofort zum Ziel durchgestellt. Weiterhin legen Sie eine PIN fest, die abgefragt wird, wenn Sie die Skype-To-Go-Nummer von einem anderen Telefon aus anrufen.

Skype und das Handy

Die Skype-Nutzung mit dem Handy ist natürlich nicht auf die genannten Länder beschränkt. Alles Wissenswerte über Skype und Handys finden Sie im nächsten Kapitel.

Der Schnell-Überblick

- Laden Sie Ihr Skype-Guthaben auf. Das geht nur mit zwei Beträgen: 10 oder 25 Euro, dafür mit vielen verschiedenen Zahlungsmöglichkeiten.
- Nutzen Sie die günstigen SkypeOut-Tarife für Auslandstelefonate. Egal, ob Sie nach Minuten bezahlen oder eine Flatrate bestellen. Skype ist oft viel günstiger als Ihr normaler Telefonanbieter. Eine Minute in die USA kostet nur ca. 0,02 Euro, die Flatrate 4,99 Euro pro Monat.
- Auch Anrufe zu Handys sind oft günstiger als im Telefonnetz, zu Handys in Deutschland beispielsweise 0,21 Euro pro Minute.
- Verhindern Sie das automatische Aufladen Ihres Skype-Guthabens, wenn Sie Guthaben kaufen, indem Sie den Haken bei *Sparen Sie in Zukunft mit automatischem Aufladen Zeit* entfernen.
- Richten Sie Ihre Handynummer für SkypeOut-Telefonate ein. So können die Anrufer sehen, dass Sie es sind, der anruft.
- Kaufen Sie sich eine Festnetznummer für Skype. So sind Sie immer unter der gleichen Nummer erreichbar, egal wo Sie sind.
- Nutzen Sie den Skype-Status: Lassen Sie Skype-Anrufe nur zu, wenn Sie wirklich erreichbar sind. Oder zeigen Sie Ihren Kontakten, dass Sie beschäftigt sind.
- Verteilen Sie Skype-Guthaben einfach auf mehrere Konten – so sind auch kleinere Aufladebeträge als 10 Euro möglich.

5. Skype mit Smartphones & Tablets nutzen: immer und überall telefonieren, Videotelefonate führen, chatten usw.

Skype macht Kommunikation einfach und günstig. Und das nicht nur zu Hause am Computer. Auch unterwegs lässt sich Skype vielseitig am Handy oder Tablet einsetzen.

Die Skype-Apps für alle mobilen Plattformen im Überblick

Egal ob iPhone, iPad oder Android: Skype lässt sich auf allen wichtigen mobilen Plattformen nutzen. Und ein paar Spezialisten gibt es auch noch. Die passenden Apps sind schnell installiert und ganz einfach zu nutzen. Der Funktionsumfang unterscheidet sich bei den einzelnen Geräten. Hier eine Übersicht:

Gerät/Plattform Funktion	iPhone 4 iPad 2 iPod touch 4. Generation	iPhone 3GS iPad iPod touch 3. Generation	iPhone 3G	Android	Symbian	PSP
Sofortnachrichten	X	X	X	X	X	
Skypen	X	X	X	X	X	X
Videoanrufe						
sehen	X	X		X*		
gesehen werden	X			X*		
Multitasking	X	X		X	X	
SkypeOut	X	X	X	X	X	X
SMS	X	X	X	X	X	
Sonstiges					Dateien senden	

* funktioniert bisher nur mit Nexus S, HTC Desire S, Sony Ericsson Xperia neo und Xperia pro

Darf ich Skype einfach so mit meinem Vertrag nutzen?

Wenn Sie mit einem Smartphone skypen, umgehen Sie das reguläre Handynetz und nutzen eine Datenverbindung, das sogenannte **V**oice-**o**ver-**IP** (VoIP). Damit stören Sie das Geschäftsmodell der Handynetzbetreiber. Deshalb ist das VoIP in vielen Handytarifen vertraglich ausgeschlossen.

Hier dürfen Sie VoIP nutzen

Wie bereits erwähnt, stört VoIP im Prinzip das Geschäftsmodell der Handynetzbetreiber, denn diese wollen eigentlich, dass Sie zu deren normalen Tarifen telefonieren. Theoretisch könnten die Netzbetreiber VoIP sperren, aber das würde sicherlich einige Kunden verärgern. Einige Netzbetreiber haben aus der Not eine Tugend gemacht und verkaufen Zusatzoptionen, die VoIP ausdrücklich erlauben.

- T-Mobile Deutschland verkauft die Zusatzoption „Internet Telefonie" für 9,95 Euro pro Monat in den Tarifen Complete Mobil S und M. Bei Complete Mobil L und XL ist die Nutzung erlaubt.
- Bei Vodafone muss man für VoIP die InternetPlus Flat hinzubuchen, die je nach Tarif zwischen 9,95 Euro und 29,95 Euro liegt.
- Base und Eplus schließen VoIP vertraglich aus.
- O2-Kunden müssen sich gar keine Sorgen machen – hier ist die VoIP-Nutzung in allen Tarifen erlaubt.
- In Österreich ist die Nutzung von Skype bei A, Orange und 3 vertragsgemäß möglich.
- In der Schweiz machen Orange und Swisscom ebenfalls keine Probleme bei VoIP in ihren Netzen. Sunrise hingegen hat VoIP in den AGB ausgeschlossen. Dies wird aber mit der mangelnden Qualität einer VoIP-Verbindung im Handynetz begründet.

Sollten Sie Ihren Vertrag nicht direkt bei einem der Handynetzbetreiber, sondern einem anderen Anbieter (zum Beispiel debitel, mobilcom usw.) abgeschlossen haben, informieren Sie sich bitte bei Ihrem Anbieter. **(Alle Angaben Stand Juli 2011.)**

Und auch wenn es zugelassen ist, tritt ein weiteres Problem auf: Selbst die großzügigsten Datenflatrates werden ab einem gewissen verbrauchten Volumen gedrosselt, das heißt, Ihnen steht nicht mehr die volle UMTS-Geschwindigkeit zur Verfügung. Ein Skype-Anruf (ohne Video) verbraucht pro Minute ca. 0,7 MByte. Wenn Sie zum Beispiel eine 500 MByte-Flatrate haben, reicht das für ca. 700 Minuten, also mehr als 10 Stunden. Sie nutzen aber in der Regel auch noch E-Mails, Web, vielleicht YouTube-Videos etc. Also sollten Sie Ihr verbrauchtes Datenvolumen im Auge behalten. Das geht zum Beispiel beim iPhone in den *Einstellungen* unter *Allgemein/Benutzung*. Oder Sie schauen im Kundenbereich Ihres Handyanbieters nach.

Über ein WLAN die beste Verbindung erhalten

Skype-Anrufe und insbesondere Videoanrufe verursachen sehr viel Datentransfer. Damit die Gespräche nicht abgehackt werden und das Bild nicht ruckelt, sollten Sie kein Mobilfunknetz, sondern ein WLAN nutzen. WLANs stellen in der Regel eine wesentlich höhere Internetgeschwindigkeit zur Verfügung

Wenn Sie zu Hause ein WLAN haben, brauchen Sie Ihr Smartphone oder Ihr Tablet nur am WLAN anzumelden, schon stellt Skype alle Verbindungen automatisch über das WLAN her.

Doch wo unterwegs am WLAN anmelden? Da gibt es sehr viele Möglichkeiten.

- Viele Hotels, Restaurants, Coffeeshops und Einkaufszentren stellen kostenlose WLAN-Zugänge, sogenannte Hotspots, zur Verfügung. Im internationalen Gebrauch hat sich der Begriff Wi-Fi durchgesetzt. Halten Sie daher nach diesem Logo Ausschau.

Bild: Wi-Fi Alliance

- Da man mit mobilem Internetzugang Geld verdienen kann, gibt es natürlich auch sehr viele kostenpflichtige Hotspots von unterschiedlichen Anbietern. In Deutschland betreibt z. B. T-Mobile ein großes Netz mit mehr als 8.000 Hotspots.
- Skype selbst betreibt mit Skype Access selbst ein Hotspot-System, das aber nur eingeschränkt empfehlenswert ist.

So finden Sie weltweit Hotspots

Es gibt unzählige Seiten im Internet, die Hotspots auflisten. Ebenso gibt es Apps, die Ihnen sogar anhand Ihrer Position zeigen können, wo der nächste Hotspot ist.

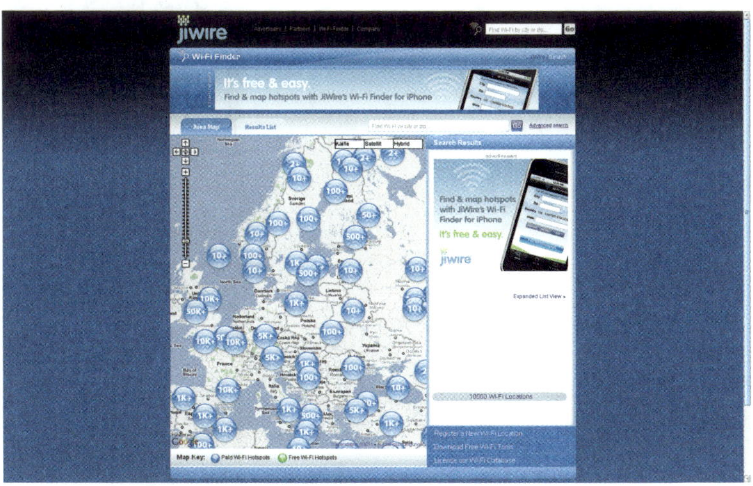

JiWire zeigt Ihnen den nächsten Hotspot.

Eine erste Anlaufstelle ist JiWire (*http://v4.jiwire.com*). Hier sind fast 500.000 Hotspots weltweit verzeichnet. Geben Sie einfach auf der Webseite die Stadt ein, in der Sie einen Hotspot suchen, und schon sehen Sie, wo Sie schnell ins Netz können. Sie können sich die Ergebnisse als Liste (*Results List*) oder in einer Karte verzeichnet (*Area Map*) anzeigen lassen. Mit *Advanced Search* können Sie die Suche verfeinern und beispielsweise kostenpflichtige Hotspots ausschließen.

Hotspots schnell unterwegs finden

Wenn Sie bereits unterwegs sind, helfen Ihnen die Apps für Ihr Smartphone. JiWire bietet gleich zwei davon, die beide sowohl für iPhones bzw. iPads und Android-Geräte verfügbar sind. Die Apps für iPhone und iPad finden Sie im App Store und im Android Market über den Suchbegriff *Jiwire*.

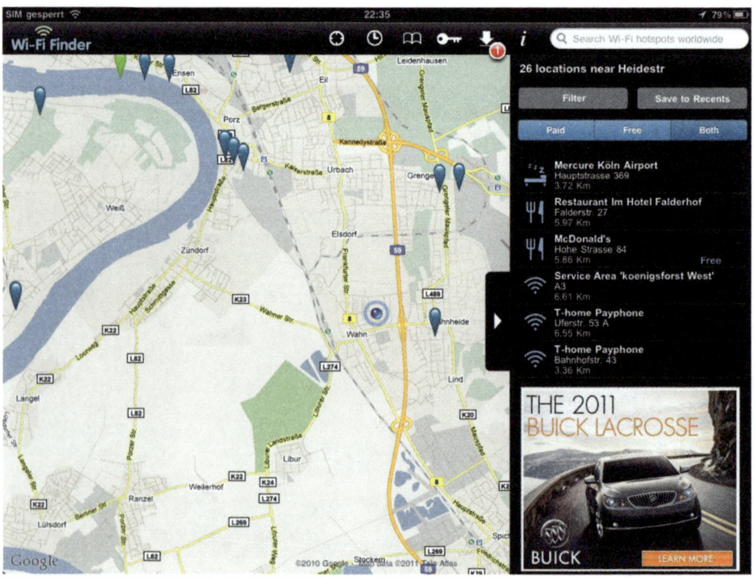

Wi-Fi Finder sucht dabei nach allen verfügbaren Hotspots. Entweder über die Umkreissuche oder indem Sie eine Adresse eingeben. Sie können wie auf der Webseite nach diversen Kriterien filtern und ebenfalls kostenpflichtige Hotspots ausschließen. Wenn Sie generell nur nach kostenlosen Hotspots suchen wollen, nehmen Sie die App Free Wi-Fi Finder.

Unterwegs ohne Kosten den nächsten Hotspot finden

Damit Sie nicht unterwegs über das Mobilfunknetz für viel Geld (siehe Kasten Seite 100) herausfinden müssen, wo der nächste Hotspot ist, haben Sie in beiden Apps die Möglichkeit, schon zu Hause die Datenbank auf Ihr iPhone zu laden und ohne Internetverbindung zu durchsuchen. Diese Funktion ist zurzeit jedoch nur für iPhones und iPads verfügbar. Wählen Sie dazu auf dem Startbildschirm der App *Offline Wi-Fi Finder available* und dann *Offline Database available* und schieben Sie den Regler nach rechts. Die komplette Datenbank ist ca. 38 MByte groß, die Free-Datenbank kommt auf 20 MByte.

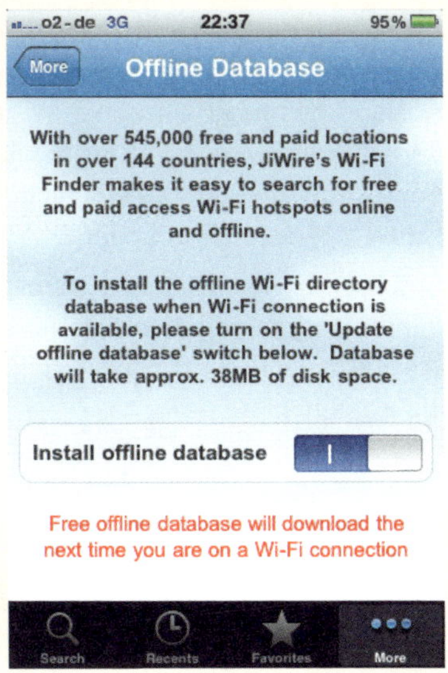

Einfach günstiger telefonieren: über Hotspots die Auslands-Roaming-Gebühren sparen

Selbst wenn Sie für einen Hotspot-Zugang bezahlen müssen: Sparen Sie die Gebühren beim Telefonieren wieder ein. Denn über SkypeOut können Sie so günstig nach Hause telefonieren, dass Sie den Roaming-Tarif Ihres Netzanbieters locker unterbieten. Zwar wurden die Roaming-Gebühren für ausgehende Anrufe innerhalb der EU auf 0,46 Euro pro Minute gesetzlich beschränkt, aber man ist ja nicht immer nur in der EU. Schon in der Türkei können die Mobilfunkanbieter mit bis zu 1,50 Euro pro Minute zuschlagen.

Und wenn man das mit dem SkypeOut-Tarif von ca. 0,02 Euro pro Minute (zzgl. Verbindungsgebühr) zu Festnetzanschlüssen in Deutschland, Österreich oder der Schweiz vergleicht, lohnt sich der Hotspot eigentlich immer.

Achtung Kostenfalle – Daten-Roaming

Das teuerste, was Sie mit Ihrem Smartphone machen können, ist im Ausland das mobile Internet zu nutzen. Die Kosten sind gerade außerhalb der EU kaum zu kontrollieren. Zwar müssen die Netzbetreiber mittlerweile ein Kostenlimit bei 50 Euro setzen, aber auch das ist schon viel Geld für ein paar E-Mails.

Sowohl iPhones als auch Android-Handys sperren von sich aus den Internetzugriff, sobald sie sich in ein ausländisches Netz einbuchen. Sie sollten den Zugriff nur einschalten, wenn Sie sich zu 100 % über die Kosten im Klaren sind.

Skype auf den i-Geräten kann beinahe alles

Den größten Funktionsumfang für mobile Geräte hat Skype auf den Apple-Geräten. Hier ein Überblick über den Funktionsumfang:

Gerät/ Plattform Funktion	iPhone 4 iPad 2 iPod touch 4. Generation	iPhone 3GS iPad iPod touch 3. Generation	iPhone 3G
Sofortnachrichten	X	X	X
Skypen	X	X	X
Videoanrufe			
sehen	X	X	
gesehen werden	X		
Multitasking	X	X	
SkypeOut	X	X	X
SMS	X	X	X

Mit einem Apple-Gerät und der Skype-App können Sie chatten, skypen oder einen Videoanruf führen und ein paar weitere Skype-Funktionen nutzen.

So kommt Skype auf's iPhone

Im Folgenden ist immer vom iPhone die Rede. Die Schritte gelten aber genauso für das iPad und den iPod touch.

1 Sollten Sie die Skype-App noch nicht installiert haben, suchen Sie im App Store nach *Skype* und laden Sie sie herunter. Drücken Sie dazu zunächst auf den *GRATIS*-Button, der sich dann in *INSTALLIEREN* ändert. Anders als am Computer ist bei den mobilen Geräten Download und Installation mit einem Fingertipp erledigt.

2 Wenn Sie die App das erste Mal starten, werden Sie nach Ihrem Skype-Konto gefragt. Sollten Sie noch keins haben, können Sie das direkt vom iPhone aus erledigen. Drücken Sie dazu *Konto erstellen* und füllen Sie das Formular aus. Am bequemsten ist die Anmeldung übrigens über die Skype-Webseite, mehr dazu in Kapitel 2.

3 Fertig. Die App verbindet Sie nun mit Skype, und Sie sehen als Erstes, wer von Ihnen Kontakten online ist.

Bloß nichts bezahlen

Die offizielle Skype-App ist kostenlos. Es gibt weitere, mal mehr, mal weniger nützliche Apps, die irgendwas mit Skype zu tun haben, aber Geld kosten. Diese können Sie ignorieren.

So funktioniert Skype auf dem iPhone

Auch hier gilt: die Bedienung ist auf allen Geräten gleich, daher wird immer nur der Begriff iPhone gebraucht. Weiterhin lehnt sich die Bedienung sehr stark an die Skype-Software auf dem Computer an. Wenn Sie mit ihr vertraut sind, werden Sie auf dem iPhone keine Schwierigkeiten haben. Die App hat fünf Hauptfunktionen: *Kontakte*, *Chats*, *Anruf*, *Protokoll* und *Meine Info*.

- Die erste Funktion zeigt Ihnen Ihre *Kontakte* an. Über Gruppen können Sie die Liste einschränken. Sinnvoll ist hier *Online*, denn dann sehen Sie nur die Kontakte, die gerade erreichbar sind. Die Kontaktliste zeigt Ihnen dann das Bild Ihres Kontakts, den Status und den Namen und eine Statusmeldung an. Wenn Ihr Gerät Videoanrufe entgegennehmen kann (siehe Abschnitt „Videoanrufe mit den neuesten iPhones“ in diesem Kapitel), zeigt Ihnen dieses Symbol, dass Ihr Kontakt eine Webcam hat.

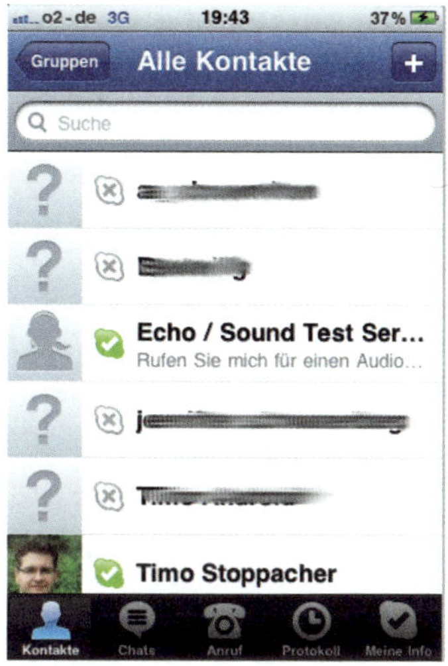

iPhone-Kontakte öffnet das Adressbuch Ihres iPhones. Sie können Nummern aus Ihrem Adressbuch direkt mit Skype anwählen – ein SkypeOut-Guthaben vorausgesetzt.

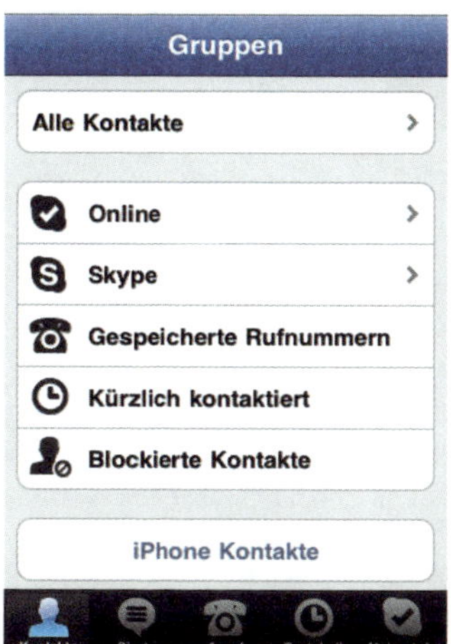

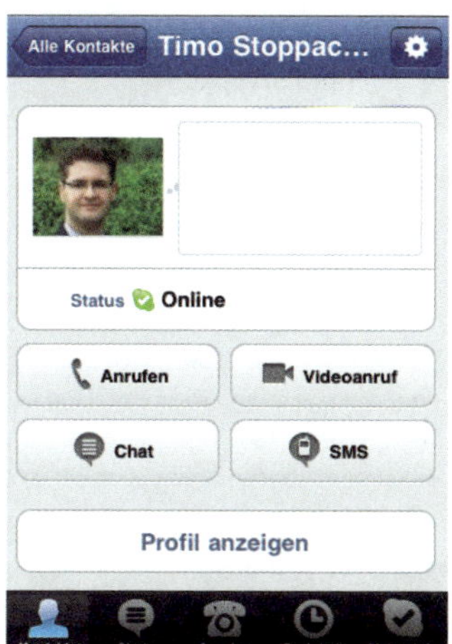

Wenn Sie einen Kontakt auswählen, kommen Sie in das nächste Menü. Dort können Sie auswählen, was Sie mit dem Kontakt machen wollen. *Anrufen* und *Chat* stehen immer zur Verfügung.

Sie können Ihrem Kontakt eine SMS schicken, wenn die Handynummer Ihres Kontakts hinterlegt ist.

Wenn Ihr Gerät eine Kamera hat, sehen Sie auch den Button *Videoanruf*. Außerdem können Sie sich immer das Profil Ihres Kontakts anzeigen lassen (mehr zu den Skype-Profilen finden Sie in Kapitel 3 auf Seite 55).

Sobald Sie einen Kontakt anrufen oder anschreiben, wechselt die App in eine der nächsten Funktionen.

- *Chats* zeigt Ihnen die derzeit aktuellen Chats mit anderen Skype-Kontakten an. Diese sind nach Aktualität geordnet, die neuesten Chats finden Sie immer oben. Wählen Sie einen Chat aus und Sie sehen den Chatverlauf.

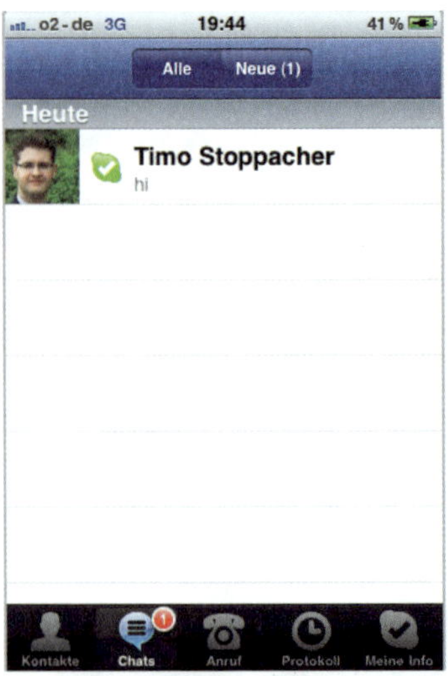

- *Anruf* zeigt Ihnen eine Telefontastatur, mit der Sie jede Telefonnummer anrufen können. Wählen Sie dazu einfach die Nummer und drücken Sie den grünen Button . Die Verbindung wird über SkypeOut aufgebaut und zu den bekannten Tarifen berechnet (mehr zu SkypeOut in Kapitel 4). Über den Telefonbuch-Button können Sie auf das Adressbuch des iPhones zugreifen und dort die zu wählende Nummer auswählen.

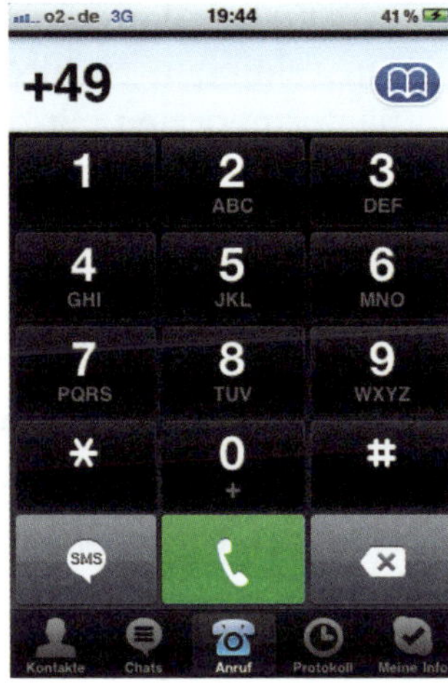

  Unten links findet sich noch der Button *SMS* . Geben Sie eine Handynummer ein und drücken den *SMS*-Button, dann öffnet sich ein Textfenster, und Sie können eine SMS schreiben. Alles Wichtige zu SMS über Skype finden Sie in Kapitel 3 auf Seite 35.

- *Protokoll* gibt einen Überblick über die Anrufe, die Sie mit der Skype-App getätigt haben. Es werden Ihnen ähnlich wie in der Anrufliste des iPhones die eingegangen, ausgegangenen und die verpassten Anrufe mit Uhrzeit angezeigt. Wenn Sie *Bearbeiten* wählen, können Sie einzelne Einträge aus der Liste löschen.

- *Meine Info* kombiniert die Einstellungen zu Ihren Profilinformationen mit den Einstellungen für einige Skype-Dienste. Oben links sehen Sie Ihr Bild, falls Sie eines bei Skype hinterlegt haben. Wenn nicht, können Sie mit dem Kamerasymbol oben links ein neues Foto aufnehmen oder eines aus dem Fotoalbum Ihres iPhones auswählen.

  In das Feld rechts daneben können Sie eine Statusmeldung eingeben, die Ihren Kontakten angezeigt wird.

- *Status* lässt Sie auswählen, als was Sie Ihren Kontakten angezeigt werden. Sie haben die Wahl zwischen *Online*, *Abwesend*, *Beschäftigt*, *Als Offline anzeigen* oder *Offline*. Wenn Sie *Offline* wählen, werden Sie von Skype abgemeldet, bei *Als Offline anzeigen* bleiben Sie angemeldet. Sie sind für Ihre Kontakte dann quasi unsichtbar.

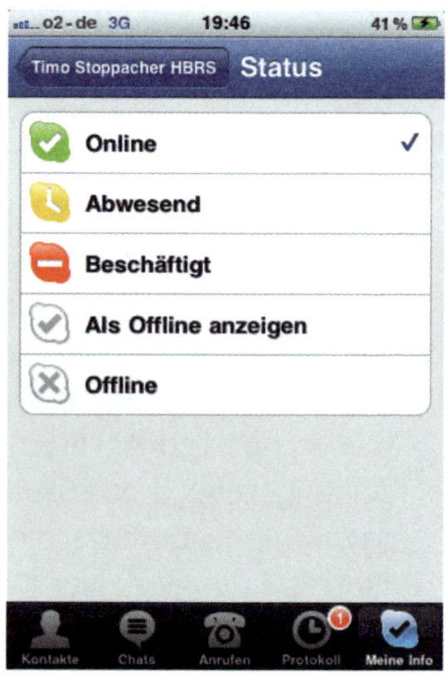

- Die *Anrufweiterleitung* lässt sich auch am iPhone ein- und ausschalten (mehr zur Anrufweiterleitung in Kapitel 4 auf Seite 85). Sie können hier Rufnummern auswählen, die Sie bereits eingerichtet haben oder eine *Nummer hinzufügen*. Sie können Anrufe auch zu einem anderen Skype-Nutzer weiterleiten. Dieser Eintrag kann jedoch nur am Computer oder auf der Webseite von Skype angelegt werden. *Nummer hinzufügen* auf dem iPhone erlaubt nur Telefonnummern!

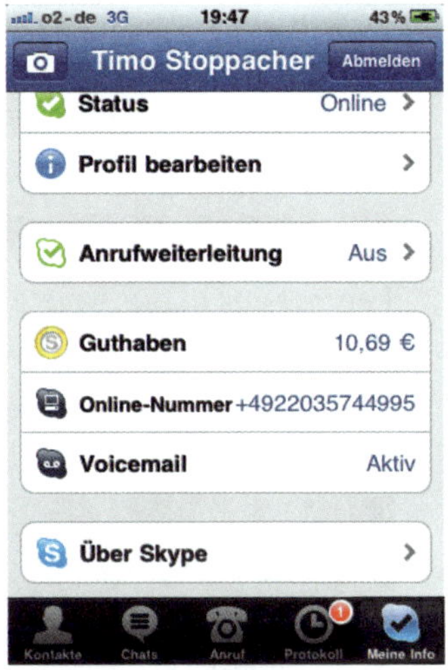

- Guthaben zeigt Ihnen an, wie viel noch auf Ihrem Skype-Konto ist. Wenn Sie Guthaben auswählen, können Sie Ihr Konto aufladen. Dazu leitet Skype Sie auf die Webseite, auf der Sie wie gewohnt Guthaben kaufen können.

  Sollten Sie die Dienste Online-Nummer oder Voicemail (Anrufbeantworter) nutzen, sehen Sie hier, wie lange die Abonnements für diese Dienste noch laufen.

Multitasking: Skypen und gleichzeitig anderes erledigen

Fast alle neueren iPhones beherrschen Multitasking, das heißt, es können mehrere Apps gleichzeitig arbeiten. Sie können zum Beispiel skypen und gleichzeitig etwas im Internet nachschlagen.

1. Bei älteren Modellen (bis iPhone 3G) beendet ein Druck auf den Home-Button des iPhones die App und damit auch das laufende Gespräch. Ab dem iPhone 3GS wird die App jedoch nur minimiert, läuft also im Hintergrund weiter.

2 Wenn Sie mitten in einem Skype-Gespräch sind und den Home-Button drücken, bleibt die Verbindung bestehen. In der Statusleiste am oberen Rand des Bildschirms sehen Sie den Hinweis *Skype (Aufnahme)*, und der Balken leuchtet rot.

3 Um wieder in die App zu kommen, wählen Sie entweder auf dem Home-Bildschirm wieder Skype aus oder drücken zweimal den Home-Button und wählen Skype aus der Liste der zurzeit ausgeführten Apps aus.

Die Videoübertragung wird jedoch gestoppt, wenn Sie Skype minimieren. Das Bild friert ein.

4 Sollten Anrufe oder Nachrichten eingehen, wenn Sie Skype gerade nicht nutzen, werden Sie mit einer Push-Nachricht informiert. Sie können dann mit *Schließen* den Hinweis ignorieren oder mit *Annehmen* (für Anrufe) oder mit *Anzeigen* (für Sofortnachrichten) direkt in die App wechseln. Wenn Sie einen Anruf zuerst ignoriert haben, können Sie aber immer noch schnell in die App wechseln und den Anruf entgegennehmen.

Auch über verpasste Anrufe informiert Sie Skype mit einer Push-Nachricht.

So beenden Sie Skype auf dem iPhone

Was sich zunächst banal anhört, kann trickreich sein: Wenn die App nur minimiert ist, bleiben Sie weiterhin bei Skype angemeldet und werden Ihren Kontakten als online angezeigt, selbst wenn Sie Skype seit einiger Zeit nicht benutzt haben. So kann es passieren, dass Sie von Skype-Anrufen gestört werden, wenn Sie eigentlich ungestört sein wollen, oder dass Sie Anrufe verpassen, weil Ihr Gerät irgendwo herumliegt und vor sich hin bimmelt. Um das zu vermeiden, gibt es mehrere Möglichkeiten:

- Sie melden Ihr Skype-Konto in der App ab. Das geht über die Funktion *Meine Info*. Dort finden Sie oben rechts den Button Abmelden. So können Sie sich auch mit einem anderen Skype-Konto anmelden.
- Sie beenden das Multitasking und werfen die App ganz aus dem Arbeitsspeicher. Drücken Sie dazu zweimal hintereinander den Home-Button. Der iPhone-Taskmanager öffnet sich. Halten Sie das Skype-Icon kurz gedrückt, bis alle Icons anfangen zu wackeln. Wenn Sie dann oben links auf den roten Kreis drücken, wird die App ganz beendet.

- In den *Einstellungen* des iPhones versteckt sich für Skype eine weitere Option: *Offline gehen*. Hier können Sie wählen, wann sich Skype automatisch abmelden soll, sobald Sie die App verlassen. Standardmäßig ist hier *Nie* eingestellt. Zur Auswahl stehen außerdem die Möglichkeiten *Sofort* und *nach 60/30/15 Minuten*.

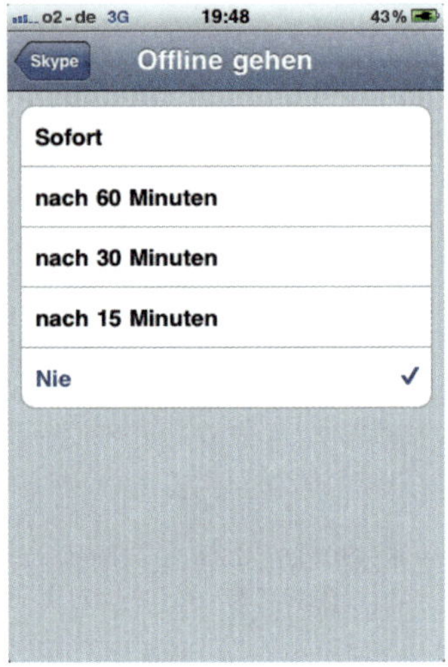

Videoanrufe mit den neuesten iPhones

Nicht jedes Gerät beherrscht Videoanrufe. Dafür müssen Sie schon ein iPhone 4, ein iPad 2 oder einen iPod touch der 4. Generation besitzen. Wenn Ihr Gerät über dem Bildschirm eine Kamera hat, funktioniert das in jedem Fall. Als weiteres Indiz gilt es, wenn Facetime auf Ihrem Gerät installiert ist.

Videoanrufe mit alten iPhones

Wenn Sie unbedingt auch mit Ihrem iPhone 3G einen Videoanruf machen wollen, geht das mit Qik Video. Mehr zu Qik Video auf Seite 127.

1 Wenn Sie einen Kontakt mit Video anskypen wollen, wählen Sie 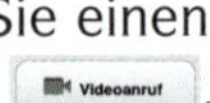

. Das iPhone zeigt Ihnen zunächst Ihr eigenes Bild. Sobald Ihr Kontakt den Anruf annimmt, beginnt die Videoübertragung, und Ihr Kontakt erscheint auf dem Bildschirm. Sie können sich unten links in der Ecke weiterhin selbst sehen.

2 Wenn Sie einen Videoanruf bekommen, haben Sie die Wahl, ob Sie den Anruf mit oder ohne Video beantworten wollen. Skype zeigt Ihnen schnell Ihr eigenes Bild, sodass Sie sich noch einmal vergewissern können, dass Ihr Anblick vorzeigbar ist. Wenn Sie mit sich einverstanden sind, wählen Sie *Video*. Dann können Sie und Ihr Gesprächspartner beginnen. Wählen Sie dagegen *Audio*, können Sie Ihren Gesprächspartner zwar sehen, er aber nicht Sie.

3 Auch während des Telefonats können Sie die Kamera jederzeit an- oder ausschalten. Haben Sie den Anruf als Videoanruf gestartet und möchten nun den Anruf fortführen, aber die Videoübertragung abbrechen, tippen Sie einmal ins Bild. Es erscheint die Infoleiste. Wählen Sie oben links *Kamera* und *Keine Kamera*. Wiederholen Sie den Schritt mit *Frontkamera*, um die Videoübertragung wieder einzuschalten.

4 Haben Sie dagegen zunächst einen normalen Skype-Anruf geführt und möchten nun noch Video dazu schalten, tippen Sie einmal auf den Bildschirm, und es erscheint ein Menü mit vier Buttons. Wählen Sie *Videoanruf*, und die Videoübertragung beginnt. Allerdings sind dann nur Sie zu sehen, bis auch Ihr Gesprächspartner seine Videoübertragung einschaltet.

Die richtige Kamera auswählen

Das iPhone 4, das iPad 2 und der iPod touch der 4. Generation besitzen zwei Kameras: eine auf der Vorderseite, eine auf der Hinterseite. Sie können mit Skype beide Kameras benutzen. Standardmäßig wird die Kamera auf der Vorderseite benutzt. Das ergibt am meisten Sinn, weil Sie vermutlich während des Anrufs auf Ihr Display schauen, um Ihren Gesprächspartner zu sehen.

Wenn Sie jemandem die Umgebung zeigen möchten, können Sie auf die Kamera auf der Rückseite umschalten. Dazu tippen Sie einmal ins Bild, sodass die Infoleiste oben wieder erscheint. Wählen Sie oben links *Kamera*. Die App bietet Ihnen nun die *Frontkamera* (Vorderseite), die *Rückkamera* und die Option *Keine Kamera* an, bei der die Kamera ausgeschaltet wird. Ihr Gesprächspartner kann Sie dann nicht mehr sehen.

Auch ohne Kamera den Gesprächspartner sehen

Wenn Ihr iPhone keine Kamera hat, können Sie Ihren Gesprächspartner trotzdem sehen, wenn derjenige die Videoübertragung freischaltet. Das funktioniert auf dem iPhone 3GS, dem iPad und dem iPod touch der 3. Generation.

Im Großformat: So funktioniert Skype auf dem iPad & iPad 2

iPads haben mit ihren großen Displays und dem eingebauten Mikrofon eigentlich die idealen Voraussetzungen für komfortables Skypen. Das iPad 2 mit der Kamera wäre geradezu perfekt für Videoanrufe.

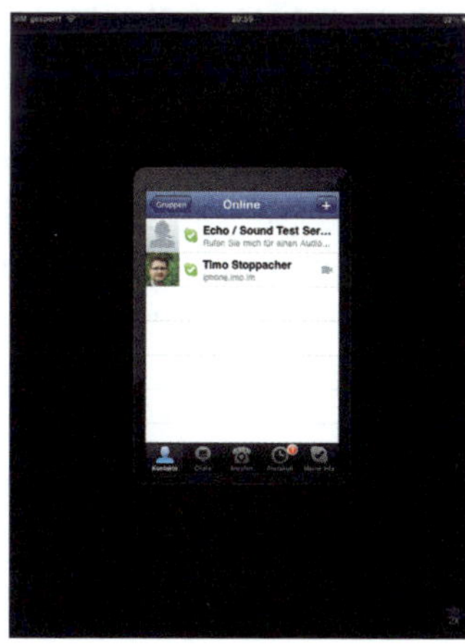

Die Skype-App nutzt auch auf dem iPad nur die geringe Bildschirmauflösung. Der Rest des Bildschirms bleibt schwarz.

Wäre ... denn es gibt ein Manko: Die Skype-App ist nur für die Bildschirmauflösung des iPhones programmiert worden. Sie lässt das große Display damit völlig unberücksichtigt. Außerdem nutzen Sie nicht die große Bildschirmtastatur des iPads, sondern die kleine des iPhones. Hoffentlich legen die Skype-Programmierer hier bald nach. Solange bleibt entweder ein Großteil des iPad-Bildschirms beim Skypen leer. Oder Sie verdoppeln die App mit einem Druck auf . So haben Sie entweder beim Chatten eine etwas größere Tastatur zur Verfügung oder Sie sehen bei einem Videoanruf Ihr Gegenüber größer.

Da die App identisch ist, ist auch die Bedienung völlig identisch mit der des iPhones.

iPad, steh auf: das Smart Cover

Speziell für das iPad 2 verkauft Apple das Smart Cover. Das ist eine magnetische Schutzabdeckung. Diese ist in mehrere Segmente geteilt, die sich zusammenfalten lassen, sodass ein Standfuß für das iPad entsteht. So können Sie das iPad 2 vor sich hinstellen und ganz entspannt skypen.

Wenn Sie die 39 Euro für das Smart Cover nicht ausgeben wollen, können Sie das iPad natürlich auch an jeden anderen Gegenstand anlehnen oder eine alternative Halterung verwenden.

Konferenzgespräche auf dem iPhone

An den beliebten Konferenzgesprächen können Sie auf dem iPhone nur eingeschränkt teilnehmen: Sie können nur zu einem Gespräch hinzugefügt werden, zum Beispiel von jemandem, der gerade an einem Computer sitzt. Sie selbst können am iPhone keine Konferenzgespräche beginnen.

Weitere iPhone-Apps mit Skype-Funktionen fürs iPhone

Im App Store gibt es noch weitere Apps, die mit Skype zu tun haben. In erster Linie sind das Multi-Messenger, mit denen Sie aber nur mit Ihren Skype-Kontakten chatten können. Es gibt aber auch ein paar Dienstprogramme. Ein Beispiel ist Skype Rufumleitung. Diese App kann die Anrufweiterleitungen für Ihr Skype-Konto verwalten, ohne dass Sie die Skype-App selbst starten müssen. Mehr kann die App für 0,79 Euro aber nicht.

Früher konnten beinahe alle Multi-Messenger auch mit Skype umgehen, doch Skype war da sehr restriktiv und lässt nicht mehr jede App ans Netz. So fiel in letzter Zeit die Skype-Unterstützung bei IM+ und Nimbuzz weg. Trillian unterstützt Skype nur am Computer (siehe auch Seite 62). So bleibt noch eine App übrig: imo. Mit imo können Sie chatten, bis das iPhone glüht. Mit der App haben Sie neben Skype Zugriff auf die Chats von ICQ; Yahoo Messenger, Google Talk, Facebook und viele mehr. Laden Sie imo kostenlos aus dem App Store und Sie können sofort Ihre Konten hinzufügen und chatten.

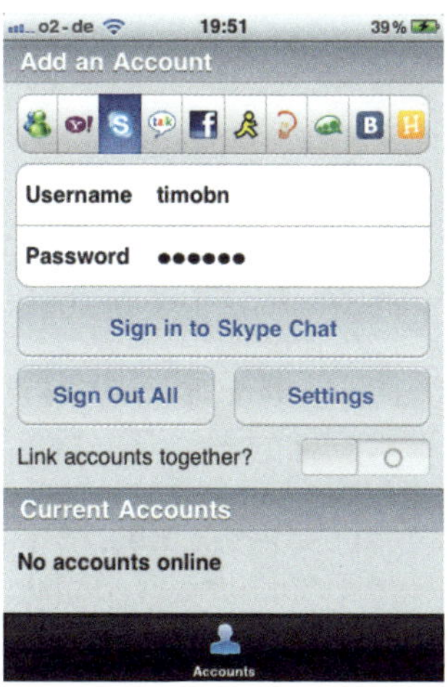

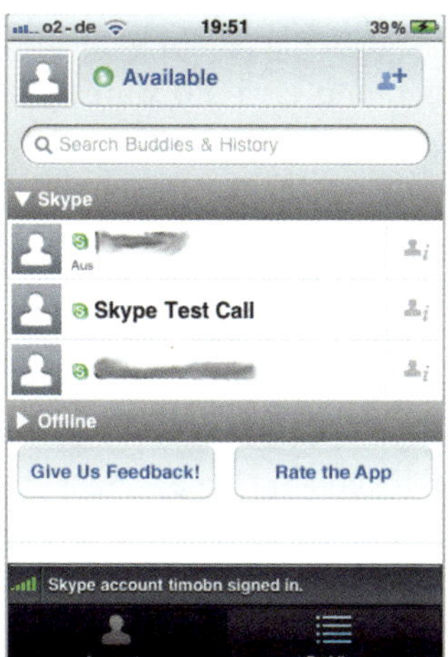

Die Alternative für volle Auflösung auf dem iPad: ooVoo

Andere Videochat-Apps wie Qik oder Fring sind auf dem iPad genau wie Skype selbst nur in der geringen Auflösung verfügbar, es gibt keine speziellen iPad-Versionen.

Lediglich ooVoo hat eine App, die den ganzen Bildschirm des iPads nutzt. Dieser Skype-Konkurrent bietet Ihnen vieles, was Skype auch kann. Also chatten, telefonieren (ins Internet und ins Festnetz), Videoanrufe aber zusätzlich kostenlose Videokonferenzen mit maximal drei Teilnehmern.

Alles über ooVoo finden Sie auf der Webseite *www.oovoo.com*.

Ohne Hände: Skype mit Headsets am Handy nutzen

Wenn Sie mit einem Handy skypen, können Sie es genauso ans Ohr halten wie beim normalen Telefonieren. Oder Sie nutzen ein Headset, wie es vielen Handys beiliegt.

Keine Chance für Bluetooth-Headsets?

Freihändig skypen mit einem Bluetooth-Headset oder über die Freisprecheinrichtung im Auto wäre toll. Leider unterstützen weder iPhones noch Android-Handys die Nutzung von Bluetooth-Headsets mit der Skype-App. Mit Symbian dagegen funktioniert es einwandfrei (siehe auch Seite 138).

Zumindest für Android gibt es ein paar Apps, die das Problem zum Teil lösen. Eine ist BTmono, die kostenlos im Android Market zu finden ist. Der Haken: BTmono überträgt nur die Stimme Ihres Gesprächspartners zum Headset. Aber nicht Ihre Stimme vom Headset zu Skype. Sie können sich also nicht zu weit vom Handy entfernen, sonst hört Ihr Gesprächspartner Sie nicht. Außerdem müssen Sie erst den Skype-Anruf aufbauen und dann die App starten, damit das funktioniert.

Wenn Sie in einer etwas lauteren Umgebung einen Videoanruf machen wollen oder einfach nicht jeder in Ihrer Umgebung das ganze Gespräch mitbekommen soll, sollten Sie in jedem Fall ein Headset benutzen. Denn bei einem Videoanruf halten Sie naturgemäß das Gerät nicht ans Ohr, sondern ca. eine halbe Armlänge entfernt vor sich, damit Sie das Display sehen können.

Mit Android Skype Smartphone & Tablet clever nutzen

Android-Smartphones und -Tablets werden immer beliebter. Dem haben auch die Entwickler von Skype Rechnung getragen. Nach einer etwas längeren Abstinenz ist die Android-Version von Skype seit Oktober 2010 wieder verfügbar. Mit Skype für Android können Sie mit Ihren Skype-Kontakten chatten, skypen und mit SkypeOut normale Telefone anrufen sowie SMS versenden.

Videoanrufe sind derzeit nur mit einigen Handys möglich, die über eine Frontkamera verfügen:

- Nexus S
- HTC Desire S
- Sony Ericsson Xperia neo und Xperia pro

Die Besitzer älterer Android-Handys haben generell das Nachsehen: Skype läuft erst ab Android-Version 2.1, auf dem Samsung Galaxy S erst nach einem Update auf Android 2.2.

Da die Fangemeinde von Skype jeden Tag größer wird, dürfte es jedoch nicht mehr lange dauern, bis weitere Handys und die ersten Android-Tablets Videoanrufe unterstützen.

Die Erläuterungen zu Android betreffen Handys und Tablets gleichermaßen, da es noch keine gesonderte Skype-App gibt.

So kommt die Android-App aufs Android-Gerät

1 Sollten Sie die Skype-App noch nicht installiert haben, suchen Sie im Market nach *Skype* und laden sie herunter. Anders als am Computer ist bei den mobilen Geräten Download und Installation mit einem Fingertipp erledigt.

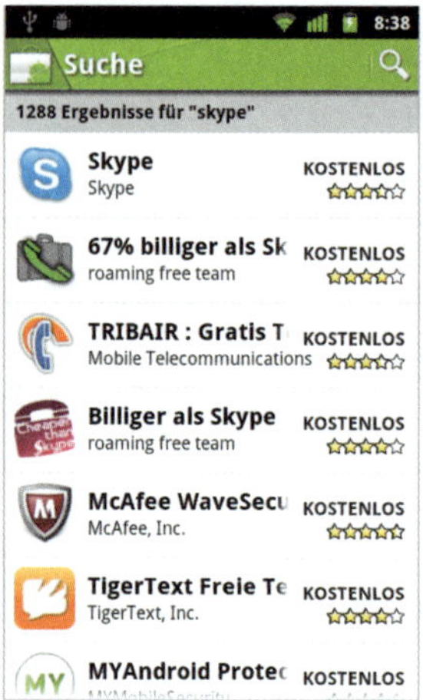

2 Wenn Sie die App das erste Mal starten, werden Sie nach Ihrem Skype-Konto gefragt. Sollten Sie noch keins haben, können Sie das direkt von Ihrem Handy aus erledigen. Drücken Sie dazu *Konto erstellen* und füllen Sie das Formular aus. Am bequemsten ist die Anmeldung übrigens über die Skype-Webseite, mehr dazu in Kapitel 2.

3 Fertig. Die App verbindet Sie nun mit Skype.

Bloß nichts bezahlen

Die offizielle Skype-App ist kostenlos. Es gibt weitere, mal mehr, mal weniger nützliche Apps, die irgendwas mit Skype zu tun haben, aber Geld kosten. Diese können Sie ignorieren.

Das Adressbuch mit Skype synchronisieren

Nach der Installation der App bietet Skype Ihnen an, die Skype-Kontaktliste mit Ihrem Handyadressbuch zu synchronisieren. Das können Sie später in den Einstellungen nachholen oder rückgängig machen. Sie haben drei Optionen:

- *Alle synchronisieren*: Skype fügt Ihre Skype-Kontakte dem Handyadressbuch hinzu.
- *Mit bestehenden Kontakten synchronisieren*: Skype prüft, wer von Ihren Skype-Kontakten bereits in Ihrem Handyadressbuch vorhanden ist, und gleicht die Einträge ab.
- Mit *Nicht synchronisieren* bleiben die Adressbücher getrennt.

So funktioniert Skype mit Android

Die Skype-App für Android hat im Startmenü vier Funktionen: *Kontakte*, *Konversationen*, *Wähltasten* und *Profil*. Über die Menütaste Ihres Handys gelangen Sie zu weiteren Optionen wie den *Einstellungen*.

Android-Handys und -Tablets gibt es von verschiedenen Herstellern. Nicht alle nutzen die gleichen Bezeichnungen für ihre Tasten. Die Menütaste heißt beispielsweise bei HTC-Handys [Menu], bei Geräten von Acer oder Motorola ist sie nicht beschriftet, sondern zeigt nur horizontale Striche ☰.

Ins Hauptmenü kommen Sie jederzeit wieder zurück, wenn Sie auf das Skype-Logo drücken. Weiterhin haben Sie im Hauptmenü der App das Statusfeld und eine Schnellsuche 🔍 für das Skype-Verzeichnis.

- Unter *Kontakte* werden Ihnen Ihre Skype-Kontakte angezeigt. Standardmäßig sind das alle Kontakte. Sie können das jedoch einschränken, indem Sie auf diesen Button drücken. Sie können hier beispielsweise nur Ihre Onlinekontakte auswählen.

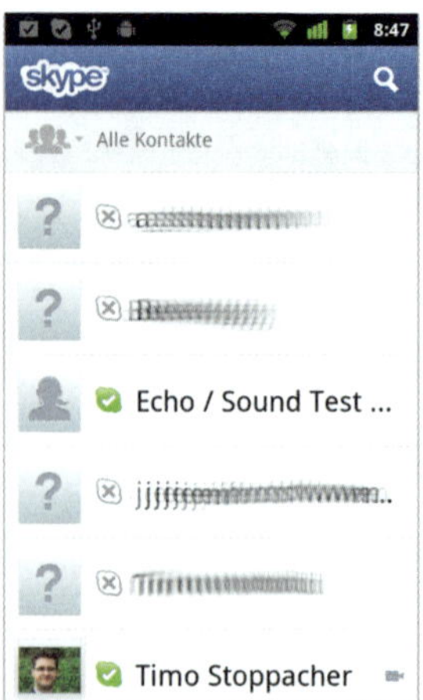

- *Konversationen* gibt einen Überblick über die Anrufe, die Sie mit der Skype-App getätigt haben. Es werden die eingegangen, ausgegangenen und die verpassten Anrufe mit Uhrzeit angezeigt. Wenn Sie Menü drücken, können Sie *Alle löschen* oder *Alle als gelesen markieren*.

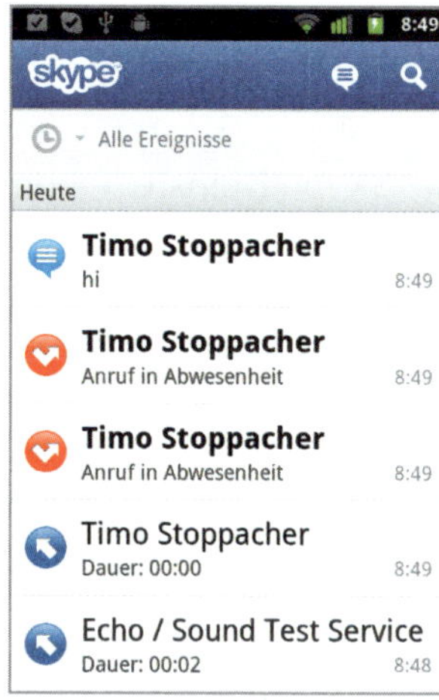

- *Wähltasten* öffnet die Eingabe für SkypeOut-Anrufe. Telefonnummern, die Sie hier wählen, werden zu den günstigen Skype-Tarifen abgerechnet. Mit dem *Kontakte*-Button haben Sie Zugriff auf Ihr Handyadressbuch und können Nummern dort auswählen.

Wenn Sie eine Telefonnummer in Skype speichern wollen, geben Sie die Nummer ein und drücken auf Hinzufügen. Sie können dann noch einen Namen zu der Nummer eingeben, und diese taucht in Ihrer Kontaktliste auf.

Von hier aus läuft auch der SMS-Versand. Dafür muss zunächst die Handynummer eingeben werden, an die die SMS geschickt werden soll. Drücken Sie dann auf SMS, und es öffnet sich das Eingabefenster für den Text.

- *Profil* kombiniert die Einstellungen zu Ihren Profilinformationen mit den Einstellungen für einige Skype-Dienste. Oben links sehen Sie zunächst Ihren Namen und im Feld darunter können Sie eine Statusmeldung eingeben, die Ihren Kontakten angezeigt wird.

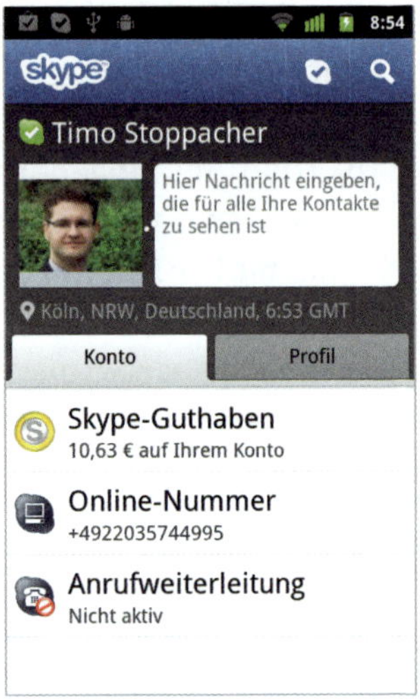

Sie sehen Ihr Bild, falls Sie eines bei Skype hinterlegt haben. Wenn nicht, können Sie auf das Bild gehen und ein neues *Bild aufnehmen* oder eines *aus (dem) Album* Ihres Handys auswählen.

Oben rechts können Sie mit  Ihren Status auswählen, der festlegt, als was Sie Ihren Kontakten angezeigt werden. Sie haben die Wahl zwischen *Online*, *Abwesend*, *Beschäftigt*, *Als Offline anzeigen* oder *Offline*. Wenn Sie *Offline* wählen, werden Sie von Skype abgemeldet, bei *Als Offline anzeigen* bleiben Sie angemeldet. Sie sind für Ihre Kontakte dann quasi unsichtbar.

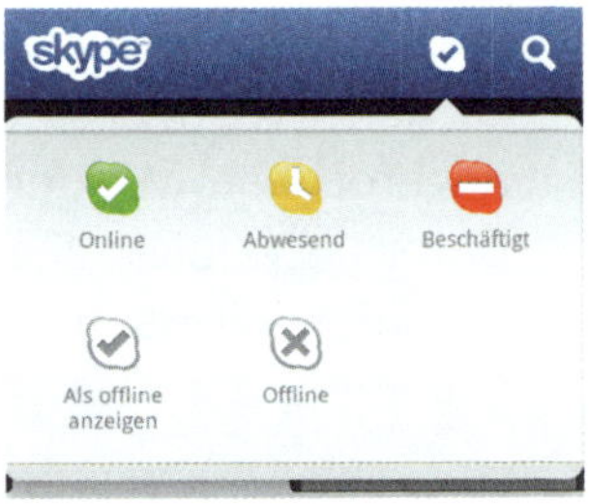

Die Funktion *Profil* wiederum ist in zwei Reiter unterteilt: *Konto* und (nochmal) *Profil*.

Auf dem Reiter *Konto* finden Sie Ihr *Skype-Guthaben*. Wenn Sie *Skype-Guthaben* auswählen, können Sie Ihr Konto aufladen. Dazu leitet Skype Sie auf die Webseite, auf der Sie wie gewohnt Guthaben kaufen können. Sollten Sie den Dienst *Online-Nummer* nutzen, sehen Sie hier Ihre Nummer.

Die *Anrufweiterleitung* lässt sich auch am Handy ein- und ausschalten (mehr zur Anrufweiterleitung in Kapitel 4 auf Seite 85). Sie können hier Rufnummern auswählen, die Sie bereits eingerichtet haben oder eine *Rufnummer hinzufügen*. Sie können Anrufe auch zu einem anderen Skype-Nutzer weiterleiten. Dieser Eintrag kann jedoch nur am Computer oder auf der Webseite von Skype angelegt werden. *Rufnummer hinzufügen* erlaubt hier nur Telefonnummern!

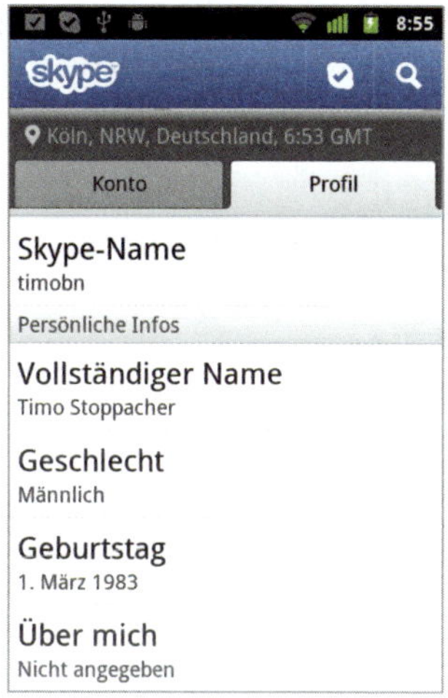

Mit [Menü]/*Einstellungen* kommen Sie zu weiteren Einstellungen für die Skype-App. Mehr dazu im nächsten Abschnitt.

Im Reiter *Profil* können Sie Ihre persönlichen Informationen für das Skype-Verzeichnis ändern.

Skype mit Android richtig starten und beenden

Kann man eine App richtig oder falsch starten? Nein, darum geht es auch nicht, sondern vielmehr um den Autostart von Skype: Die App startet nach der Installation ungefragt bei jedem Einschalten Ihres Handys und meldet sich gleich an. Wenn Sie mit einem WLAN verbunden sind, passiert das je nach Gerät, noch bevor Sie die PIN Ihres Handys eingegeben haben. Das können Sie in den Einstellungen der App ändern. Da Android multitaskingfähig ist, kann die App auch im Hintergrund laufen.

1 Die *Einstellungen* erreichen Sie, wenn Sie im Hauptmenü oder in *Profil* die [Menü]-Taste drücken. Hier finden Sie auch den *Abmelden*-Button. Nur über diesen Button oder die

Statusänderung in *Abmelden* wird die App beendet. Ansonsten bleiben Sie immer angemeldet und Skype läuft im Hintergrund weiter. Das erkennen Sie am Skype-Symbol in der Statusleiste. Über die Statusleiste kommen Sie auch jederzeit schnell in die App zurück.

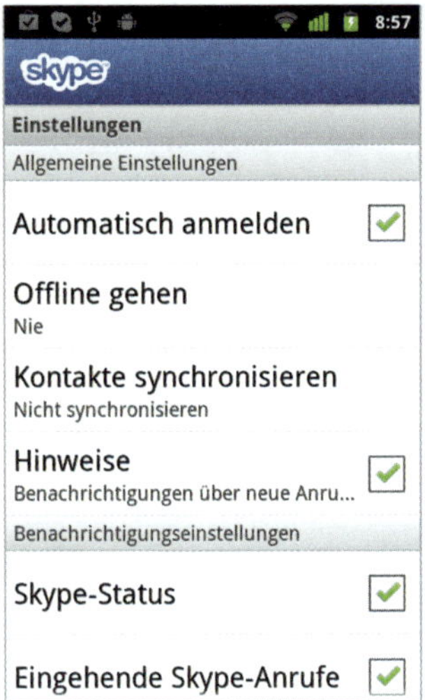

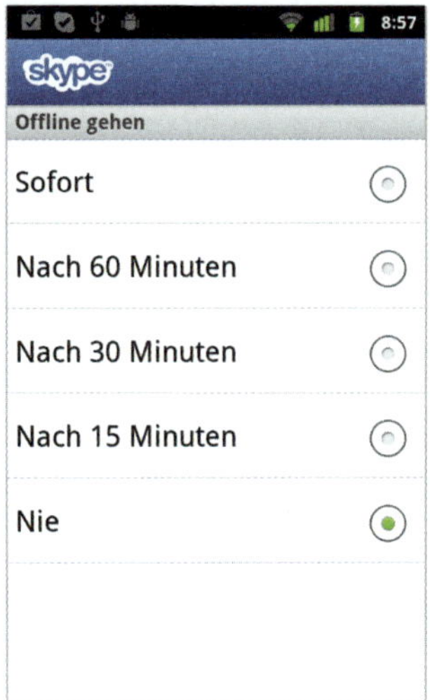

2 Mit *Offline gehen* wählen Sie, wann sich Skype automatisch abmelden soll, sobald Sie die App verlassen. Standardmäßig ist hier *Nie* eingestellt. Zur Auswahl stehen außerdem die Möglichkeiten *Sofort* und *nach 60/30/15 Minuten*.

Raus aus Skype auf die Schnelle

Im Android Market gibt es die kostenlose App Stop Skype. Diese App hat nur eine einzige Funktion, die Sie schon aus dem Namen ableiten können: Sie beendet Skype mit genau einem Druck. Legen Sie die App am besten auf den Homescreen direkt neben die Skype-App.

Nein, ich will die Nummer nicht mit Skype wählen!

Skype kann manchmal etwas aufdringlich sein. Je nach Android-Version fragt das Handy bei jedem Wählen einer Telefonnummer, ob der Anruf normal oder über Skype geführt werden soll. Es reicht dann, einmal *Standardmäßig für diese Aktion verwenden* und anschließend *Telefon* zu wählen.

Sollte es Ihnen passiert sein, dass Sie hier Skype ausgewählt haben und fortan nicht mehr telefonieren können – keine Panik. In den Android-Einstellungen finden Sie unter *Anwendungen/ Anwendungen verwalten/Skype* etwas weiter unten den Button *Standardeinstellung löschen*. Damit wird die Auswahl wieder zurückgesetzt.

Skype-Videoanrufe mit Android-Handys

Videoanrufe sind derzeit nur mit einigen Geräten möglich, die über eine Frontkamera verfügen:

- Nexus S
- HTC Desire S
- Sony Ericsson Xperia neo und Xperia pro

Es werden aber bestimmt bald weitere Modelle folgen. Wenn Sie eines der infrage kommenden Handys benutzen, ist bei Ihren Kontakten die Funktion *Skype-Videoanruf* zu sehen.

In Ihrer Kontaktliste sehen Sie außerdem das Symbol , wenn der jeweilige Kontakt einen Computer oder ein anderes Gerät benutzt, das über eine Kamera verfügt.

1 Sobald Sie einen Skype-Videoanruf mit Ihrem Android-Handy starten, dreht sich der Bildschirm in die Queransicht. Das Gleiche gilt für das Kamerabild, Sie sollten das Handy demnach auch drehen, sonst sieht Ihr Gesprächspartner Sie „auf der Seite liegend“.

Drehen Sie das Handy ins Querformat, ansonsten sieht Ihr Gesprächspartner Sie „auf der Seite liegend“.

2 Während Ihres Gesprächs sind auf dem Bildschirm nur Ihr Gegenüber in groß und Sie selbst in klein zu sehen. Berühren Sie einmal kurz den Bildschirm, werden drei weitere Buttons eingeblendet.

- Der *Mikrofon*-Button schaltet die Tonübertragung ab oder wieder ein.
- beendet das Gespräch.
- Der *Kamera*-Button lässt Sie wählen, ob Sie das Bild der *Frontkamera* (Standard) oder das Bild der *Rückkamera* übertragen möchten. Mit der Rückkamera können Sie beispielsweise Ihrem Gesprächspartner die Umgebung zeigen. Mit *Video aus* wird die Videoübertragung unterbrochen. Sie können Ihren Gesprächspartner weiterhin sehen, aber er Sie nicht.

- Eine weitere Funktion erreichen Sie über die [Menü]-Taste; *Halten ein/aus* unterbricht den Videoanruf, ohne das Gespräch zu beenden.

Videotelefonie mit anderen Android-Handys

Wie bereits erwähnt, funktionieren Videoanrufe mit der Skype-App für Android nur mit einigen Geräten. Aber es gibt mehrere sehr gute Alternativen. Mit denen sind Sie aber darauf angewiesen, dass Ihr Gesprächspartner die gleiche App benutzt.

Bereits in Kapitel 3 wurde **ooVoo** vorgestellt. Dieser Skype-Konkurrent erlaubt auch kostenlose Videokonferenzen mit bis zu drei Teilnehmern. Die App ist für Android verfügbar, benötigt mindestens Android 2.2 und funktioniert zurzeit (Stand Juli 2011) nur auf einigen Modellen von HTC und Samsung.

Qik Video gehört mittlerweile ebenfalls zu Skype, ist aber technisch bislang vollkommen getrennt. Mit Qik können Sie kostenlos zum einen Videoanrufe führen, zum anderen Videos aufnehmen und diese dann direkt in Social Networks posten oder als Video-Mail versenden. Die App ist auch für iPhones und Symbian-Handys verfügbar, sodass es viele potenzielle Gesprächspartner gibt. Suchen Sie im Market einfach nach *QIK*. Auf *www.qik.com* gibt es weitere Infos.

Fring ermöglicht sogar kostenlose Videokonferenzen mit bis zu vier Teilnehmern. Auch Fring ist für Android- und Symbian-Handys sowie für iPhones verfügbar.

Mit Symbian-Handys Skype clever nutzen

Symbian ist ein Handybetriebssystem, das in erster Linie auf Nokia-Geräten installiert ist. Auch für Symbian-Handys gibt es viele Apps – eine davon für Skype, selbstverständlich kostenlos. Jedoch läuft Skype nicht auf jedem Symbian-Handy. Auf der Skype-Webseite *www.skype.de* finden Sie unter *Skype herunterladen/Symbian* eine Liste der unterstützten Geräte.

Auf Symbian-Handys können Sie mit Skype skypen, chatten, SkypeOut-Anrufe führen, SMS schreiben, Skype-Einstellungen ändern und Dateien an andere Skype-Nutzer senden und von ihnen empfangen.

So kommt die Skype-App auf das Symbian-Handy

Es gibt zwei Möglichkeiten, die Skype-App auf Ihr Symbian-Gerät zu bekommen:

- Über den Ovi Store: Suchen Sie nach *Skype* und laden Sie die App herunter. Dafür müssen Sie allerdings im Ovi Store registriert und angemeldet sein. Nach dem Download wird die App sofort installiert.

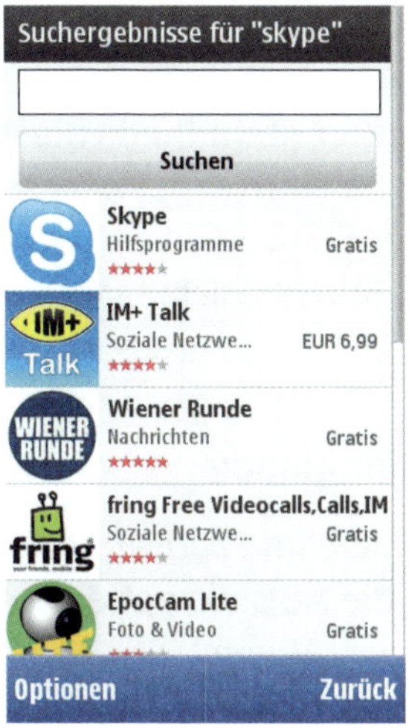

- Ohne Registrierung, dafür etwas langsamer geht es über den Browser: Öffnen Sie auf Ihrem Handy die Webseite *skype.com/m* und drücken Sie *Jetzt herunterladen*. Es öffnet sich ein neues Fenster mit den Download-Details, bestätigen Sie den Download mit *OK*. Nachdem der Download abgeschlossen ist, wählen Sie *Optionen/Öffnen*, um die Installation zu starten.

- Sie können dann wählen, ob Sie die App auf dem Telefon oder auf der Speicherkarte installieren möchten. Wenn Sie sich für die Speicherkarte entscheiden, steht Ihnen die App aber nicht zur Verfügung, wenn Sie die Karte mal wechseln! Sollte auf Ihrem Handy genug freier Speicherplatz sein (die Skype-App braucht ca. 5 MByte), spricht nichts gegen die Installation auf dem Handy.

So funktioniert Skype auf dem Symbian-Handy

1 Nach der Installation finden Sie Skype im *Programme*-Ordner. Beim ersten Start müssen Sie die AGB akzeptieren und als Netzwerkverbindung *Internet* bestätigen.

2 Geben Sie Ihren Skype-Namen und Ihr Kennwort ein. Wenn Sie Ihr Kennwort in der App gespeichert lassen möchten, setzen Sie das Häkchen in das Feld *Speichern*. Skype meldet Sie dann bei jedem Start automatisch an.

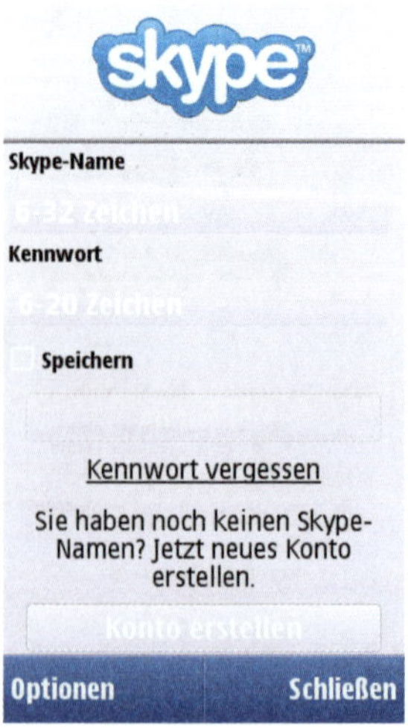

Zumindest bei einigen Modellen wird der Anmeldebildschirm mit weißer Schrift auf hellem Hintergrund angezeigt. Sie müssen also genau hinschauen, um etwas zu erkennen.

3 Skype startet in der Kontaktübersicht. Hier wird Ihnen zunächst Ihre komplette Kontaktliste angezeigt. Über *Optionen/Anzeigen* können Sie auch *Nur Online* oder *Nur Blockierte* auswählen.

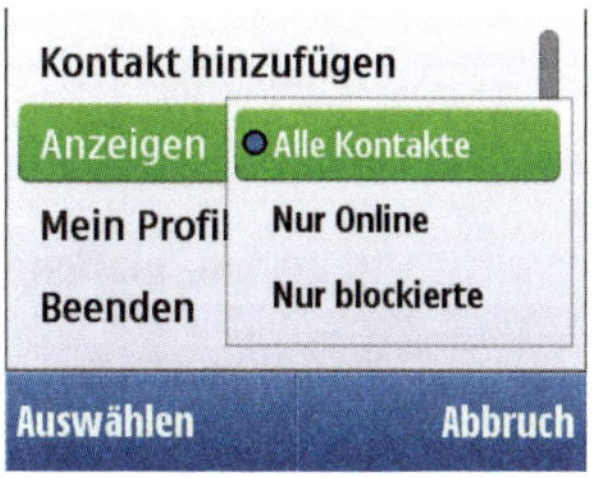

4 Wenn Sie einen Skype-Kontakt in der Liste auswählen, erscheinen unter dem Suchfeld drei weitere Buttons: . Mit dem *Anrufen*-Button wird sofort ein Anruf zu diesem Skype-Kontakt gestartet. Mit dem *Sofortnachrichten*-Button startet ein Chat und mit dem *Datei senden*-Button können Sie Dateien verschicken (mehr dazu auf Seite 136).

Drücken Sie in der Liste zweimal auf einen Kontakt, und es öffnen sich seine Profilinformationen.

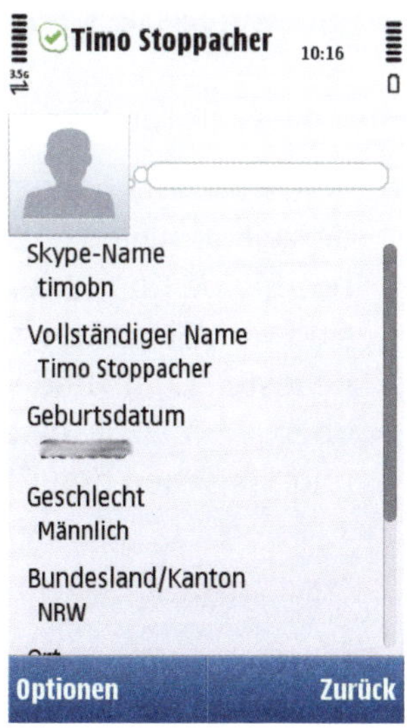

Die Symbian-App-Funktionen im Überblick

Die Symbian-App von Skype arbeitet wie die anderen Skype-Apps ebenfalls mit Reitern, die die einzelnen Funktionen beinhalten: *Kontakte*, *Sofortnachrichten*, *Nummer wählen*, *Ereignisprotokoll* und *Meine Informationen*.

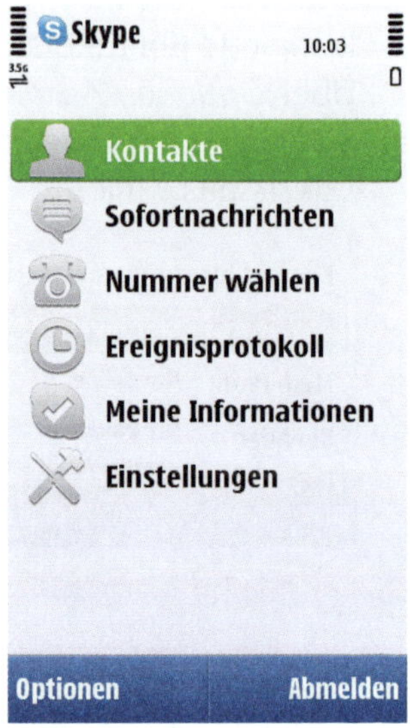

Aus jedem Reiter gelangen Sie mit *Zurück* in das Hauptmenü von Skype. Hier finden Sie noch mal alle Funktionen in der Übersicht und zusätzlich die *Einstellungen*. Außerdem gibt es hier den *Abmelden*-Button, der Sie von Skype trennt.

Hier die weiteren Funktionen:

- *Sofortnachrichten* zeigt Ihnen die derzeit aktuellen Chats mit anderen Skype-Kontakten an. Diese sind nach Aktualität geordnet, die neuesten Chats finden Sie immer oben. Wählen Sie einen Chat aus, und Sie sehen den Chatverlauf.

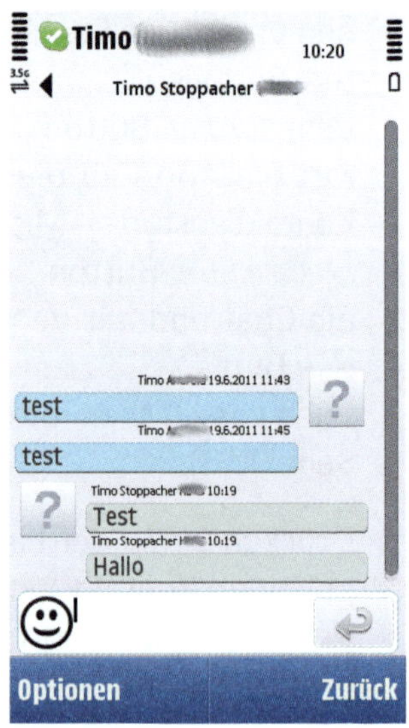

- *Nummer wählen* zeigt Ihnen eine Telefontastatur, mit der Sie jede Telefonnummer anrufen können. Wählen Sie dazu einfach die Nummer und drücken Sie den *Anrufen*-Button . Die Verbindung wird über SkypeOut aufgebaut und zu den bekannten Tarifen berechnet (mehr zu SkypeOut in Kapitel 2). Über den *Telefonbuch*-Button können Sie auf das Adressbuch Ihres Handys zugreifen und dort die zu wählende Nummer auswählen.

  Unten in der Mitte findet sich noch der Button *SMS* . Geben Sie eine Handynummer ein und drücken Sie den *SMS*-Button, dann öffnet sich ein Textfenster, und Sie können eine SMS schreiben. Alles Wichtige zu SMS über Skype finden Sie in Kapitel 3 auf Seite 35.

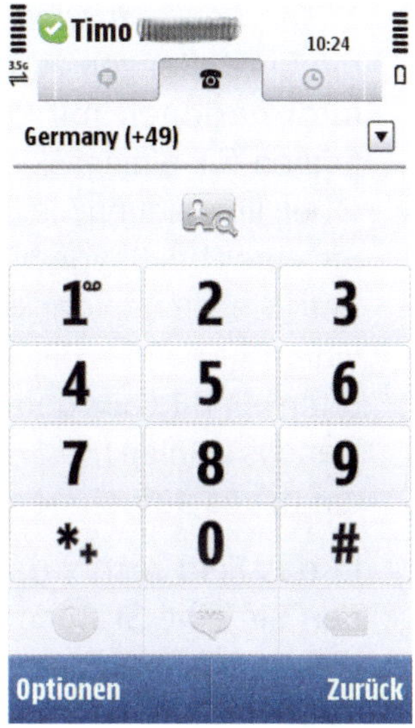

- Das *Ereignisprotokoll* zeigt Ihnen den Verlauf Ihrer Skype-Aktivitäten nach Kategorien sortiert.

- *Meine Informationen* kombiniert die Einstellungen zu Ihren Profilinformationen mit den Einstellungen für einige Skype-Dienste. Oben links sehen Sie Ihr Bild, falls Sie eines bei Skype hinterlegt haben. Sie können das Bild ändern, indem Sie auf das Bild drücken und dann ein Bild aus dem Album des Handys wählen (*Bild wählen*) oder ein neues aufnehmen (*Kamera*).

In das Feld rechts daneben können Sie eine Statusmeldung eingeben, die Ihren Kontakten angezeigt wird.

Darunter finden Sie die Guthabenanzeige. Sollten Sie die Dienste *Online-Nummer* oder *Voicemail* (Anrufbeantworter) nutzen, sehen Sie hier, wie lange die Abonnements für diese Dienste noch laufen. Nur in der Symbian-App können Sie außerdem die Ansage der Voicemail ändern (Voicemail einrichten). Mehr zu diesen Diensten finden Sie in Kapitel 4.

Auf dem Reiter finden Sie unten noch drei weitere Buttons: .

 zeigt Ihnen Ihre Profilinformationen, die Sie hier auch ändern können.  lässt Sie ebenfalls Ihr Bild ändern. Und dieser Button  lässt Sie auswählen, als was Sie Ihren Kontakten angezeigt werden. Sie haben die Wahl zwischen *Online*, *Abwesend*, *Beschäftigt*, *Als Offline anzeigen* oder *Offline*. Wenn Sie *Offline* wählen, werden Sie von Skype abgemeldet, bei *Als Offline anzeigen* bleiben Sie angemeldet. Sie sind für Ihre Kontakte dann quasi unsichtbar.

Auch Symbian-Handys sind multitaskingfähig. Wenn Sie die App verlassen, ohne sich abzumelden oder sie zu beenden, sind Sie weiterhin über Skype erreichbar.

Weitere interessante Einstellungen der Symbian-App

Die Symbian-App versteckt noch ein paar interessante Optionen in den *Einstellungen*:

- So zum Beispiel die Anrufweiterleitung, die Sie unter *Anrufe und SMS* finden. Wählen Sie *Anrufe weiterleiten*, können Sie auswählen, ob eingehende Skype-Anrufe direkt an den Anrufbeantworter (*Sprachnachricht*, nur möglich, wenn Sie Voicemail abonniert haben), an eine Telefonnummer oder an einen anderen Skype-Nutzer weitergeleitet werden sollen. Mit *Nicht weiterleiten* schalten Sie die Weiterleitung wieder ab.

- Ebenfalls unter *Anrufe und SMS* finden Sie *Telefonbuchkontakte*. Wenn Sie hier *Anzeigen* wählen, fügt Skype an das Ende Ihrer Kontaktliste alle Einträge aus dem Telefonbuch Ihres Handys an.
- Unter *Benachrichtigungen* haben Sie die Möglichkeit, die Hinweis- und Signaltöne von Skype nach Ihren Wünschen anzupassen. So können Sie als Klingelton jede beliebige Musikdatei auswählen, zum Beispiel Ihr Lieblingslied.

Statt E-Mail: Dateien mit Symbian-Handys über Skype senden und empfangen

Symbian hat ein offenes Dateisystem, sodass Sie im Telefonspeicher und auf der Speicherkarte beliebige Dateien speichern können – auf dem iPhone beispielsweise undenkbar. Über die Skype-App können Sie Dateien an Ihre Kontakte senden und von ihnen empfangen.

1 Um selbst eine Datei zu versenden, wählen Sie den Kontakt aus, der die Datei empfangen soll und drücken den *Datei Senden*-Button .

2 Skype fragt Sie nun, welche Art von Datei Sie senden wollen:

- *Foto senden* öffnet direkt das Album der Kamera, aus dem Sie dann ein Bild aussuchen können. Bestätigen Sie mit *Auswählen* und mit *Senden* erneut. Sobald Ihr Skype-Kontakt die Übertragung akzeptiert, wird das Bild gesendet.
- Mit *Video senden* und *Musik senden* verhält es sich genauso, nur dass Ihnen hier zur Auswahl die gespeicherten Video- bzw. Musikdateien angezeigt werden.
- *Andere senden* lässt Sie beliebige Dateien von Ihrem Handy verschicken. Suchen Sie entweder im Telefonspeicher oder auf der Speicherkarte nach der Datei und bestätigen Sie mit *Senden* Ihre Auswahl.

3 Während der Übertragung sehen Sie den Fortschrittsbalken. Sie können sie *Abbrechen* oder mit *Ausblenden* minimieren. Gesendete und empfangene Dateien können Sie im Reiter *Ereignisprotokoll* kontrollieren.

4 Wenn Ihnen ein Skype-Kontakt eine Datei schickt, können Sie den Empfang *Akzeptieren* oder *Abweisen*. Bevor Skype die Datei auf Ihr Handy lädt, werden Sie gefragt, wo sie gespeichert werden soll. Sie können zwischen *Telefonspeicher* oder *Speicherkarte* wählen. Bestätigen Sie den Download in das gewählte Verzeichnis mit *OK*.

Mit Bluetooth freihändig skypen

Was iPhones und auch Android-Handys vor eine große Herausforderung stellt, ist die Nutzung eines Bluetooth-Headsets mit Skype. Nicht so bei Symbian-Handys. Nach dem Verbinden des Headsets mit dem Handy macht es keinen Unterschied, ob Sie einen „normalen" oder einen Skype-Anruf machen. Der Ton wird immer an das Headset übertragen. So können Sie theoretisch sogar beim Autofahren skypen.

Videotelefonie auch mit Symbian

Die Skype-App selbst unterstützt unter Symbian keine Videoanrufe. Jedoch gibt es auch hier Apps, die Videotelefonie ermöglichen. Mit denen sind Sie aber darauf angewiesen, dass Ihr Gesprächspartner die gleiche App benutzt.

Qik Video gehört mittlerweile ebenfalls zu Skype, ist aber technisch bislang vollkommen getrennt. Mit Qik können Sie kostenlos zum einen Videoanrufe führen, zum anderen Videos aufnehmen und diese dann direkt in Social Networks posten oder als Video-Mail versenden. Die App ist sowohl für iPhones als auch für Android-Handys verfügbar, sodass es viele potenzielle Gesprächspartner gibt. Suchen Sie im Ovi Store nach *QIK*. Auf *www.qik.com* gibt es weitere Infos.

Gleiches gilt für **Fring**. Hier sind sogar kostenlos Videokonferenzen mit bis zu vier Teilnehmern möglich. Auch diese App finden Sie im Ovi Store.

Auch hierfür gibt es mobiles Skype: Windows Phone 7, webOS & Co.

Die Smartphones mit Android, iPhones und Symbian-Handys beherrschen so ziemlich den Handymarkt. Insofern lohnt es sich auch nicht immer, für ein Handybetriebssystem eine Skype-Version zu entwickeln.

Die gerade bei Geschäftsleuten beliebten **Blackberrys** beispielsweise sind außen vor – es sei denn, Sie sind in den USA Kunde bei Verizon Wireless. Ob und wann man Skype auf anderen Blackberrys nutzen kann, ist derzeit ungewiss.

Ganz konkrete Pläne gibt es für das **webOS** von HP Palm, dem Nachfolger des PalmOS. In der neuesten Version (2.2) soll Skype komplett integriert sein. Besonders bei neuen Tablets von HP wird webOS zum Einsatz kommen.

Handys mit **Windows Phone 7** haben bisher noch keine Skype-App. Da Skype aber mittlerweile zu Microsoft gehört, dürfte es nicht mehr lange dauern, bis dieser Missstand behoben wird (was Microsoft bei der Übernahme im Mai 2011 auch schon angekündigt hat).

Für das Vorgänger-System **Windows Mobile** gibt es eine Skype-Version, die allerdings von Skype nicht mehr unterstützt wird.

Sie funktioniert aber weiterhin, wenn Sie sie bereits auf Ihrem Windows Mobile-Handy installiert haben. Außerdem ist sie auf vielen Downloadseiten im Internet verfügbar. So zum Beispiel auf *www.chip.de*. Suchen Sie dort nach *Skype Windows Mobile* und Sie können die letzte erschienene Version für Ihr Windows-Mobile-Handy herunterladen.

Der Schnell-Überblick

- Skype ist für die wichtigsten mobilen Plattformen verfügbar: iPhone/iPad/iPod touch, Android und Symbian.
- Laden Sie die Skype-App für Ihr mobiles Gerät aus dem App Store, dem Android Market oder dem Ovi Store.
- Richten Sie Ihr Konto in der App ein oder legen Sie ein neues Konto an. Das geht auch vom Handy aus.
- Sparen Sie Roaming-Gebühren, indem Sie über einen WLAN-Hotspot ins Internet gehen und dann über Skype telefonieren.
- Finden Sie (kostenlose) Hotspots mit Webdiensten wie JiWire. Der Hotspot-Finder ist auch als App verfügbar.
- Nutzen Sie Ihr iPhone, iPad oder iPod als Videotelefon.
- Zeigen Sie Ihren Gesprächspartnern die Umgebung und schalten Sie auf die Rückkamera um.
- Alternative Video-Apps erlauben oft Videoanrufe, wenn Skype selbst die Funktion für Ihr Gerät (noch) nicht anbietet.

6. Skype mit nützlichen Funktionen erweitern

Fast alle bisher gezeigten Funktionen und Dienste von Skype sind „Bordmittel“, also von Anfang an bei der Skype-Installation dabei. Doch es gibt für Windows und Mac noch weitere nützliche Erweiterungen, die (meistens englischsprachigen) **Skype Extras**. Diese werden generell von Skype etwas stiefmütterlich behandelt. Im Juni 2011 wurde sogar die Verwaltung der Extras aus der Skype-Software entfernt. Skype begründete diesen Schritt damit, dass nur wenige Nutzer die Extras benutzt haben.

Die Extras finden und installieren

Die Skype-Webseite zeigt unter *Zubehör/Extras* eine Auswahl an Extras, die in erster Linie der geschäftlichen Nutzung dienen. Einige Extras sind kostenlos (Freeware), andere sind kostenpflichtig. Umständlich: Die Preise sind zum Teil in Euro zum Teil in US-Dollar angegeben. Da die Extras meistens von externen Anbietern stammen, ist auch der Bezahlvorgang unterschiedlich und unabhängig von Ihrem Skype-Konto.

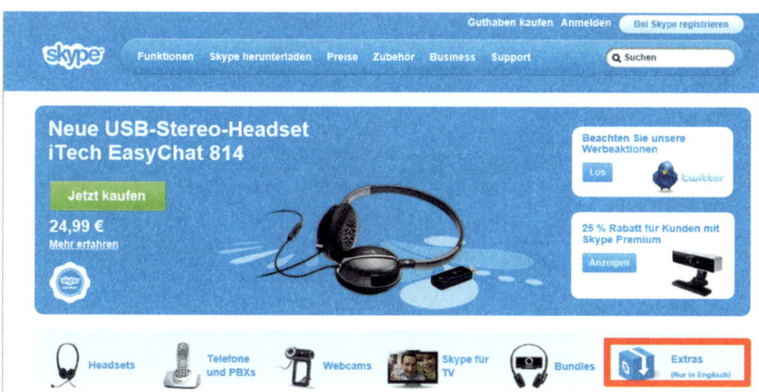

Die Extras verstecken sich ein wenig.

Die meisten Extras müssen Sie als gesonderte Software auf Ihrem Computer installieren, die Programme greifen dann auf Ihre Skype-Installation zu.

So senden und empfangen Sie Faxe über Skype

Auch im Zeitalter der E-Mail ist das Fax nicht tot. Mit PamFax können Sie unter Windows aus jeder Anwendung heraus ein Fax verschicken.

1 Auf der *Extras*-Seite von Skype finden Sie PamFax sowohl für Windows als auch für Mac. Laden Sie mit *Download Now* die jeweilige Installationsdatei herunter.

2 Starten Sie die Installation und bestätigen Sie mit *Ich bin einverstanden – Installieren*.

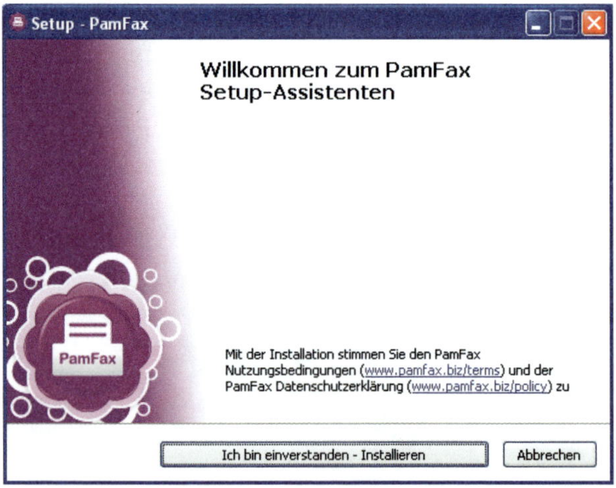

3 Nachdem PamFax einige Dateien kopiert hat, können Sie *Zusätzliche Aufgaben auswählen*: Lassen Sie alle Häkchen aktiviert und bestätigen Sie mit *Weiter*. Es werden weitere Dateien aus dem Internet heruntergeladen und installiert.

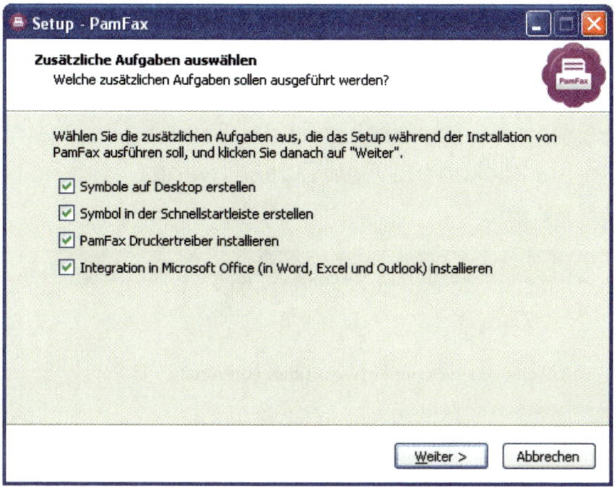

4 Beim ersten Programmstart müssen Sie auch bei PamFax ein Konto anlegen. Es spricht nichts dagegen, die gleichen Zugangsdaten wie für Ihr Skype-Konto zu verwenden.

5 Um auch Faxe empfangen zu können, müssen Sie bei PamFax eine Faxnummer beantragen. Diese ist für die ersten drei Monate kostenlos, danach werden Gebühren fällig, die bei ca. 7 Euro im Monat

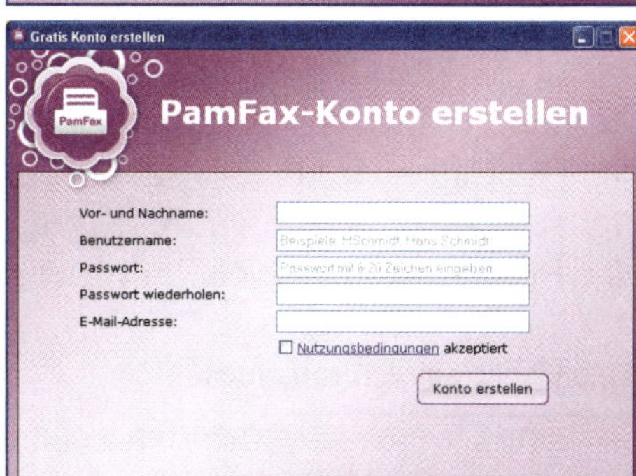

liegen. Sie müssen außerdem nachweisen, dass Sie in Deutschland leben, wenn Sie eine deutsche Nummer möchten. Dazu müssen Sie einen eingescannten Wohnsitznachweis anhängen. In Österreich und der Schweiz ist das nicht nötig. Oder Sie klicken auf *Nein Danke*, wenn Sie keine Faxe empfangen wollen.

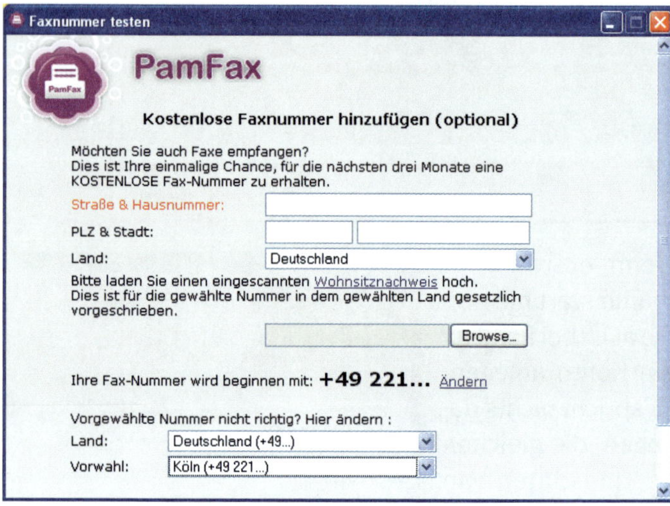

Das erste Fax ist umsonst

PamFax schenkt Ihnen die ersten drei Fax-Seiten, danach müssen Sie für Ihre Faxe bezahlen. Der Seitenpreis liegt dabei bei 0,11 Euro für die meisten Länder. Für weitere Faxe müssen Sie PamFax-Guthaben kaufen. Das geht im Programm oder auf der Webseite *www.pamfax.biz*. Als Zahlungsmethoden stehen gängige Kreditkarten und PayPal zur Verfügung.

Faxen ist so einfach wie drucken

1 Wenn Sie ein Fax versenden wollen, drucken Sie einfach das Dokument auf dem Drucker *PamFax*.

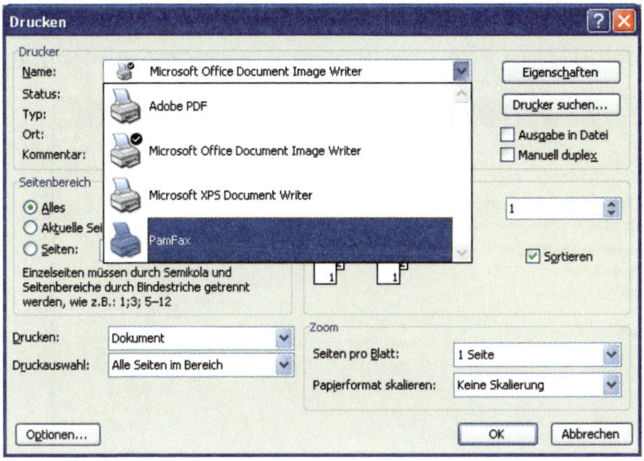

2 Als Nächstes zeigt Ihnen PamFax eine Liste der Dateien, die zum Faxen aufbereitet werden. Sie können dieser Liste auch weitere Dateien hinzufügen (zum Beispiel Word-Dokumente oder PDFs) oder sie entfernen. Im Startmenü von PamFax erzeugen Sie mit *Dokument(e) senden* ein zunächst leeres Fax, zu dem Sie ebenfalls beliebige Dateien hinzufügen können.

3 Geben Sie nun die Faxnummer ein, an die Ihr Fax gesendet werden soll. Den Empfängernamen können Sie weglassen.

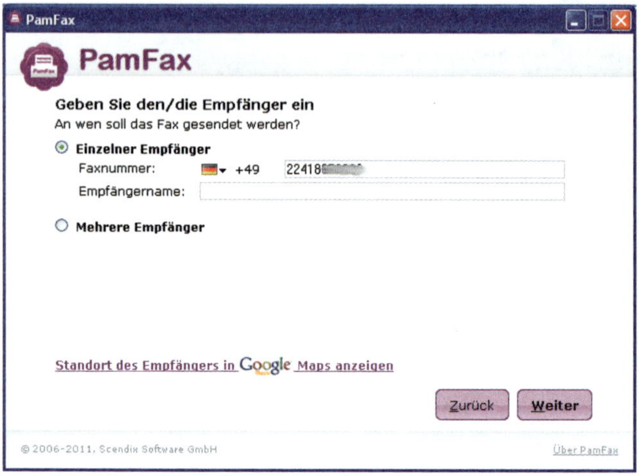

4 Sie können auch Ihrem Fax noch ein Deckblatt voranstellen. PamFax hat mehrere Vorlagen zur Auswahl. Bestätigen Sie anschließend mit *Weiter*.

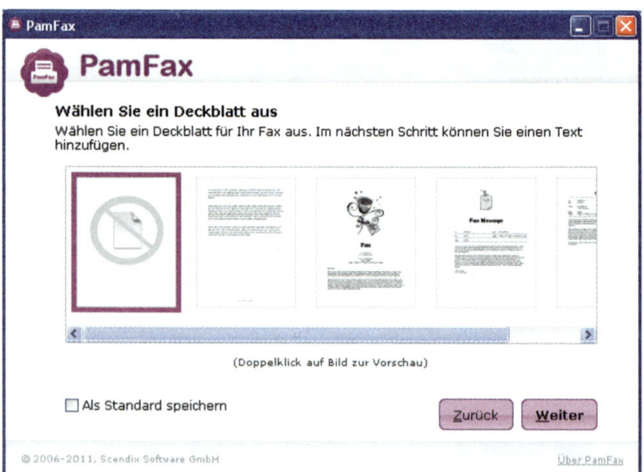

5 PamFax möchte Sie über die Zustellung des Faxes informieren und bietet Ihnen dazu an, Sie über eine Nachricht bei Skype, per E-Mail oder per SMS zu benachrichtigen. Klicken Sie wieder auf *Weiter*, und PamFax zeigt Ihnen noch einmal, was Ihr Fax kostet. Mit *Fax-Vorschau* können Sie es sich noch einmal anschauen, ein Klick auf *Fax senden* verschickt das Fax endgültig.

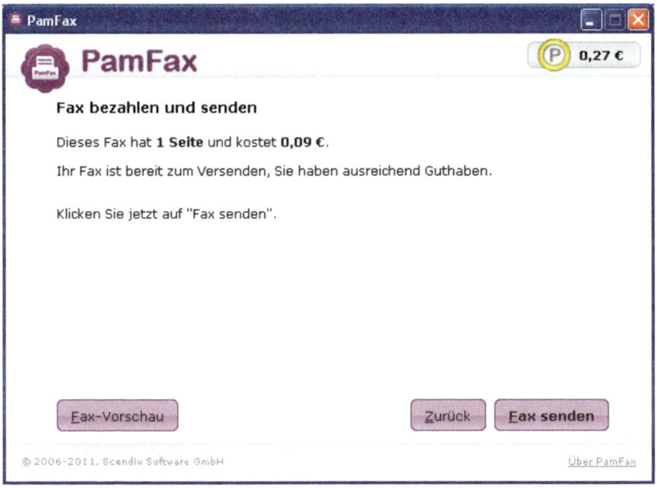

(Video-)Telefonate einfach aufnehmen

Mit dem Programm VodBurner können Sie unter Windows Skype-Anrufe aufnehmen. Dabei haben Sie die Wahl, ob Sie nur Ihr Gegenüber, nur sich selbst oder beide Gesprächsteilnehmer aufnehmen möchten. VodBurner ist zunächst kostenlos und lässt sich 14 Tage uneingeschränkt nutzen. Nach Ablauf dieser Testphase können Sie weiterhin Anrufe aufnehmen, wenn beide Teilnehmer VodBurner installiert haben. Ansonsten haben Sie auch die Möglichkeit, das Programm für die dauerhafte Nutzung zu kaufen.

Ein Gebot der Höflichkeit

VodBurner wirbt unter anderem damit, dass man Videos von Skype-Anrufen einfach bei YouTube veröffentlichen kann. Im Sinne der Höflichkeit sollten Sie Ihre Gesprächspartner in jedem Fall fragen, ob sie mit einer Aufnahme des Gesprächs einverstanden sind, bevor Sie diese beginnen. Bedenken Sie auch die rechtlichen Konsequenzen einer Veröffentlichung von Bildmaterial ohne Kenntnis und Zustimmung der Betroffenen.

VodBurner herunterladen und installieren

1 Laden Sie zunächst die Software auf der Seite des Herstellers herunter: *www.vodburner.com*. Dort finden Sie unten auf der Seite *Download VodBurner*. Laden Sie die Datei herunter und führen Sie sie anschließend zur Installation aus.

2 Bestätigen Sie die Installation mit *Next*, akzeptieren Sie den Lizenzvertrag und starten Sie dann mit *Install* den Vorgang. Das Programm ist in wenigen Sekunden installiert und startet danach automatisch.

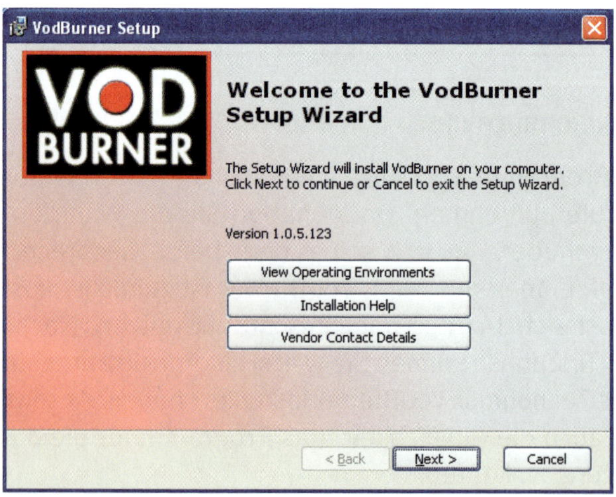

3 Wenn während der Installation von VodBurner Skype aktiv war, müssen Sie Skype zunächst mit *Restart Skype* neu starten.

4 Während der Testphase leitet VodBurner jeden Programmstart mit dem Hinweis auf die Testphase ein. Wählen Sie zunächst *Testphase fortsetzen* und *Fertigstellen*.

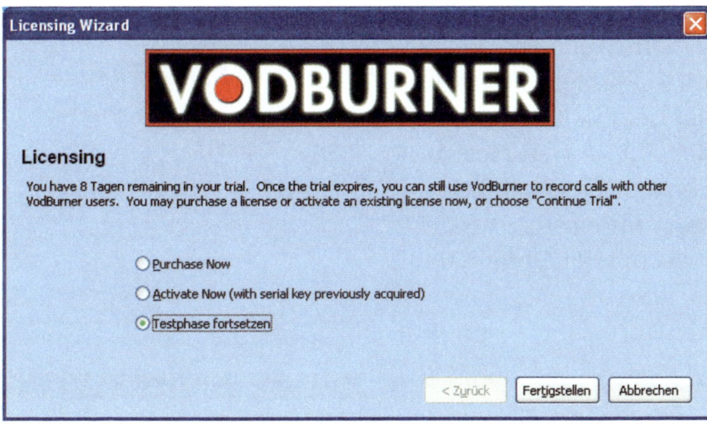

5 Nun startet VodBurner (und außerdem bei jedem Windows-Start).

Anrufe mit VodBurner aufnehmen

VodBurner überwacht Ihre Skype-Anrufe. Sobald ein Anruf hergestellt wurde, können Sie ihn mit *Aufnahme* aufzeichnen (die Software ist nur teilweise übersetzt, Menüs sind meistens in Englisch, Buttons in Deutsch).

Sie können VodBurner auch so einrichten, dass jeder Anruf – abgehende und ankommende – automatisch aufgenommen wird. Wählen Sie dazu auf dem Reiter *Options Konfigurieren*. In diesem Fenster wiederum gibt es den Reiter *Aufzeichnung* mit der Option *Automatisch bei Gesprächsbeginn*.

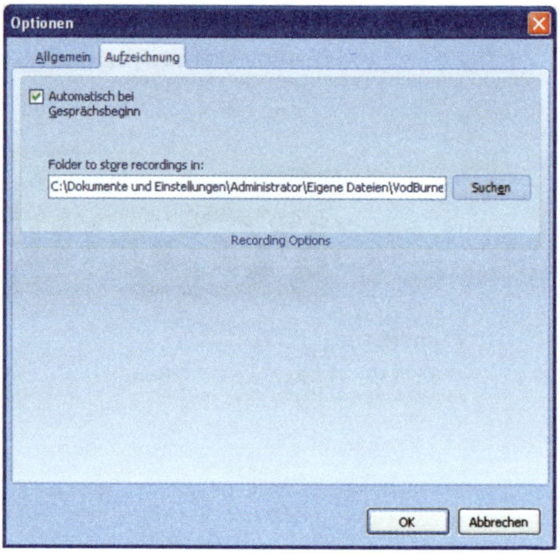

Auf dem Reiter *Allgemein* können Sie unter anderem abschalten, dass VodBurner mit dem Windows-Start ebenfalls geladen wird. Deaktivieren Sie dazu *Start VodBurner when I start Windows*.

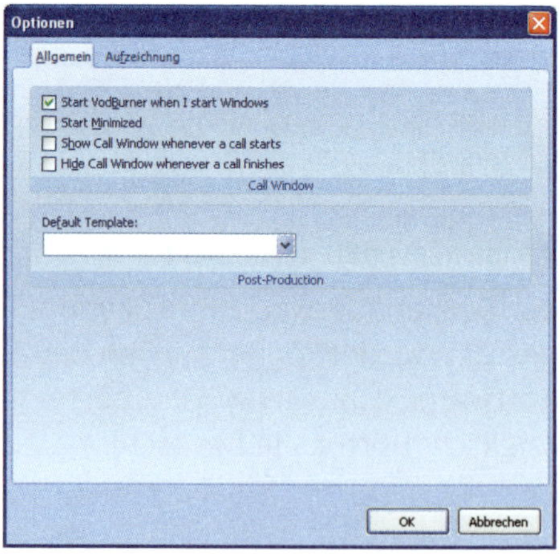

Sobald das Gespräch beendet ist, öffnet sich ein kleines Fenster, das Ihnen mitteilt, dass der Anruf aufgezeichnet wurde. Mit dem Button *View and Edit the recording* haben Sie nun die Möglichkeit, das Video anzusehen und zu bearbeiten. Bevor Sie das Video bearbeiten können, konvertiert VodBurner die Daten zunächst, was je nach Computer und Länge des Gesprächs mehrere Minuten dauern kann.

Wenn Sie einen früheren Anruf erneut ansehen oder bearbeiten wollen, wechseln Sie auf den Reiter *Previous Calls*. Hier sehen Sie alle bisher aufgezeichneten Anrufe, die sich mit *Edit* bearbeiten lassen.

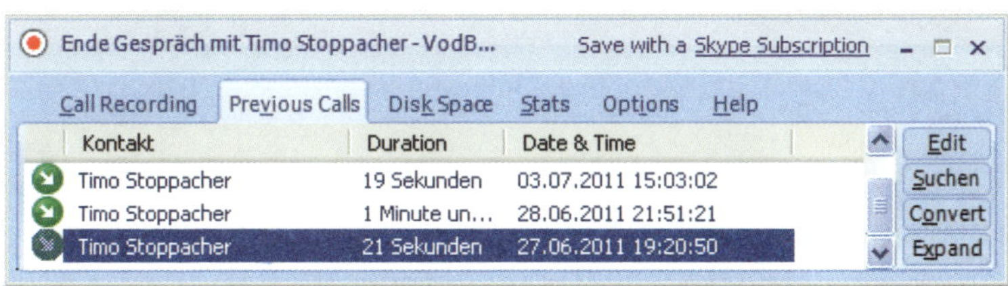

Nachdem Sie das Video fertig bearbeitet haben, können Sie es mit *Finish/Generate Video File* als Datei exportieren oder direkt zu YouTube hochladen.

Teilen Sie Ihre Gedanken auf Tafeln (Whiteboards) mit

Ein Bild sagt bekanntlich mehr als tausend Worte. Gleiches gilt für eine Zeichnung. Und was man in einer echten Konferenz mal eben schnell auf einen Zettel malen würde, können Sie online auf ein sog. Whiteboard zeichnen. Das gibt es auch für Skype, die Anwendung heißt IDroo und ist kostenlos. Sie können sie von der Webseite *www.idroo.com/download* herunterladen. Die Installation erfordert keine besonderen Angaben. Es muss jedoch jeder Skype-Kontakt, der das Whiteboard nutzen will, IDroo installiert haben.

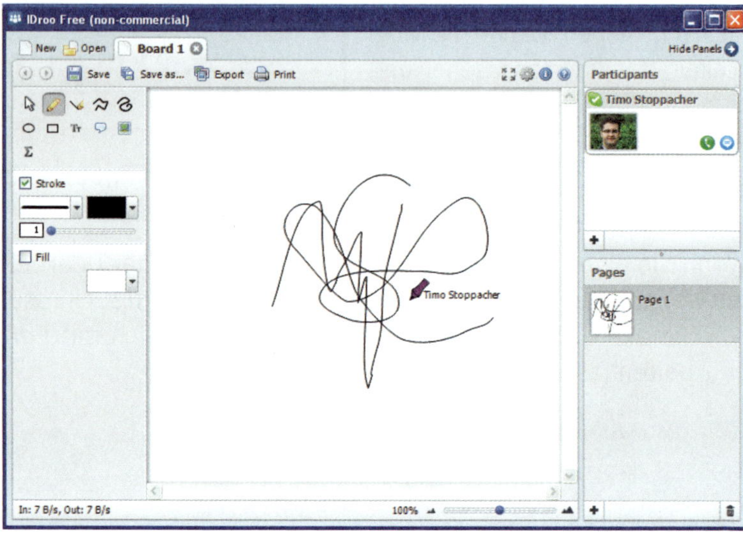

Es können nahezu beliebig viele Teilnehmer ein Whiteboard bearbeiten, und Sie können mehrere Whiteboards offen haben. Um eine Sitzung mit IDroo zu beginnen, fügen Sie mit dem ✚-Symbol den oder die Skype-Kontakte hinzu, mit denen Sie das Whiteboard nutzen möchten. Alle Nutzer können auf dem Whiteboard zeichnen, schreiben, Bilder anhängen und sogar mathematische Formeln. Ein fertiges Whiteboard können Sie speichern und drucken.

Skype-Buttons für die eigene Homepage machen

Zeigen Sie Ihren Freunden oder Geschäftspartnern, dass Sie bei Skype erreichbar sind. Dazu können Sie auf der Skype-

Webseite Buttons erstellen. Sie bekommen dann einen HTML-Code, den Sie in Ihrer E-Mail-Signatur oder auf der Homepage einsetzen können. Klickt jemand dann auf diesen Button, kann er Sie umgehend anskypen. Sie finden die Buttons auf *www.skype.com/share/buttons*.

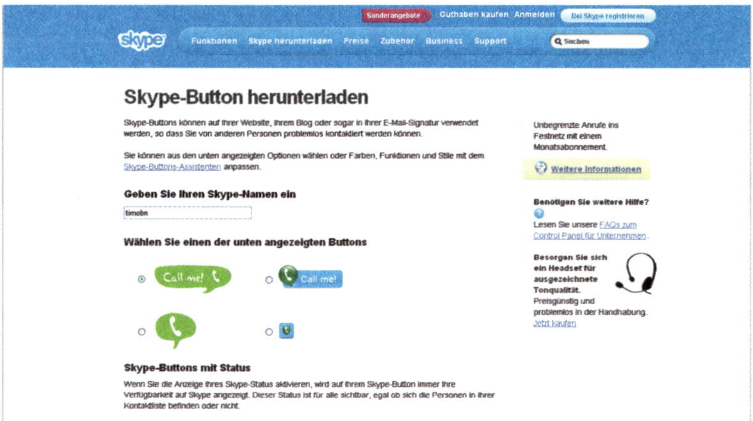

Der Schnell-Überblick

- Senden und empfangen Sie Faxe direkt aus Ihrem Computer ohne ein Faxgerät. PamFax macht es möglich. Sie drucken das Fax direkt aus jeder beliebigen Anwendung.
- Nehmen Sie Videoanrufe mit VodBurner auf.
- Teilen Sie Ihre Gedanken auf Tafeln (Whiteboards) mit beliebig vielen Teilnehmern und der Software IDroo.
- Setzen Sie einen Skype-Button auf Ihre Homepage. So können Sie direkt angeskypt werden.

7. Skype ohne PC oder Smartphone nutzen

Sie wollen nicht stundenlang vor dem Computer sitzen und ein Smartphone besitzen Sie auch nicht. Trotzdem steht Ihnen die Welt von Skype offen. Findige Entwickler haben Skype in andere Geräte implementiert, die Sie beim Skypen fast vergessen lassen, dass es sich um einen Skype-Anruf handelt.

Einfach lostelefonieren – Skype im Telefon

Es gibt mittlerweile von mehreren Herstellern Telefone, in die Skype integriert ist. Dabei schließen Sie Ihr Telefon zum einen ganz normal an die Telefonanleitung an. Zum anderen verbinden Sie es mit dem Internet und können so ohne Computer skypen – egal ob zu Skype-Kontakten oder über SkypeOut zu einen Festnetzanschluss irgendwo auf der Welt zu günstigen Tarifen. Skype-fähige Telefone gibt es sowohl mit Kabel als auch schnurlos. Exemplarisch wird hier das Philips VOIP855 vorgestellt, das ca. 120 Euro kostet.

Das Philips VOIP855 ist ein schnurloses Telefon mit Anrufbeantworter. Es ist einfach in der Bedienung und in wenigen Minuten installiert. Vorausetzung ist, dass Sie es (zumindest die Basisstation) in der Nähe Ihres Routers aufstellen können.

1 Schließen Sie zunächst die Basisstation und die Ladestation ans Stromnetz an. Im Idealfall soll das Telefon vor der ersten Benutzung 24 Stunden lang geladen werden.

2 Verbinden Sie die Basisstation mit der Telefonleitung und über ein LAN-Kabel mit Ihrem Router. Wenn Ihr Router die IP-Netzwerkadressen automatisch vergibt (DHCP), verbindet das Telefon Sie innerhalb weniger Sekunden mit Skype Wenn Ihr Router kein DHCP unterstützt, müssen Sie dem Telefon selber eine IP-Adresse (z. B. *192.168.0.27*) zuweisen. Das ist relativ einfach und in der Bedienungsanleitung des Telefons gut erklärt. Achten Sie darauf, dass die IP-Adresse für das Telefon bisher in Ihrem Netzwerk nicht verwendet wird. Sprechen Sie dazu am besten mit Ihrem Netzwerkadministrator bzw. demjenigen, der Ihnen das Netzwerk eingerichtet hat.

3 Melden Sie sich mit Ihrem Skype-Konto an. Wenn Sie noch kein Skype-Konto haben, können Sie direkt am Telefon ein neues Konto einrichten. Das könnte jedoch etwas mühselig sein, da Sie hier nur die Telefontastatur zum Eingeben haben.

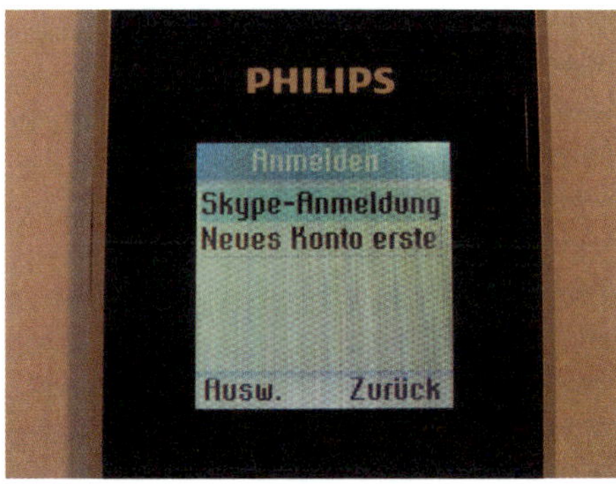

Nach der Anmeldung werden Ihnen auf dem Display des Telefons Ihr Skype-Benutzername und Ihr Guthaben angezeigt. Über die Menüs des Telefons können Sie Ihre Skype-Kontakte verwalten, Ihren Status ändern, Sie haben Direktzugriff auf den Skype-Anrufbeantworter und den Anrufbeantworter des Telefons und vieles mehr. Es werden die gleichen Icons und Symbole wie bei Skype auf dem Computer benutzt. Sie können mit dem Telefon übrigens auch ganz normal telefonieren.

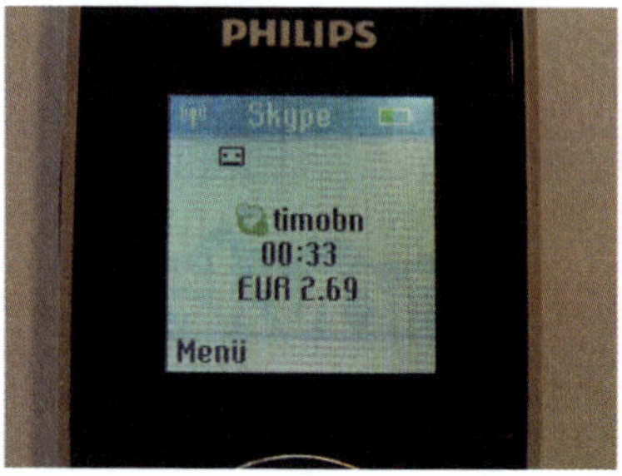

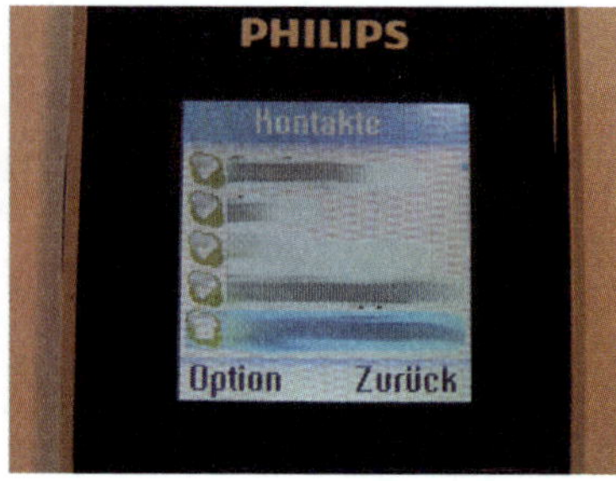

Videoanrufe auf der Couch – Skype im Fernseher

Ganz gemütlich auf der Couch sitzen und mit der ganzen Familie im Großformat die Liebsten sehen – das geht mit Skype im Fernseher. Oder Sie realisieren eine vergleichsweise günstige Videokonferenzlösung für Ihr Unternehmen. Das funktioniert mit einigen TV-Geräten von Panasonic und Samsung, denn diese haben Skype integriert.

Ganz relaxt mit dem Fernseher skypen (Bild-Quelle: Samsung).

Die TV-Geräte der Panasonic-VIERA-Reihe lassen sich mit dem Internet verbinden und bieten Ihnen dann viele Internetdienste über VIERA Connect auf dem Fernseher an. So auch Skype. Als Zubehör müssen Sie noch eine Kamera kaufen, wenn Sie Videoanrufe führen wollen.

Gleiches gilt für die Samsung-Geräte. Die 3D-LED-TV-Serien C7700 und C87902 haben Skype in die Internet@TV-Plattform integriert und mit einer Kamera lassen sich ebenfalls Videoanrufe führen.

Viel Zubehör auf einen Blick – der Skype-Webshop

Auf der Skype-Webseite finden Sie unter *Zubehör* viele weitere Produkte wie Headsets, Webcams, (Bild-)Telefone etc. Vergleichen Sie aber vor der Bestellung die Preise mit anderen Händlern, bei der Hardware ist Skype nicht so günstig wie beim Telefonieren.

Der Schnell-Überblick

- Mit einem Skype-fähigen Festnetztelefon können Sie ohne Computer jederzeit Ihre Skype-Kontakte erreichen und die günstigen SkypeOut-Tarife nutzen.
- Mit einem Fernseher, der Skype unterstützt, skypt die ganze Familie auf dem Sofa.
- Der Skype-Webshop bietet viel Zubehör – ist aber oft teurer als andere Anbieter.